イラスト版 発達障害の子がいる クラスのつくり方

梅原厚子[著]
[渋谷区教育委員会就学相談員]

これが基本 子どもが困らない 35のスキル

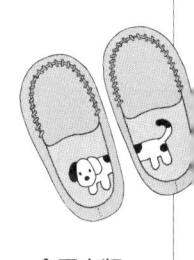

合同出版

はじめに

　2007年度から本格実施された「特別支援教育」は、障害のある子どもたちの自立や社会参加に向けて、子どもたち一人ひとりの教育的ニーズを把握し、適切な指導および必要な支援を行うものです。これまで盲・ろう・養護学校や特殊学級（心身障害学級）で専門的な教育を受けてきた子どもたちに加えて、情緒面の障害やLD（学習障害）、ADHD（注意欠陥多動性障害）、高機能自閉症など発達障害の子どもたちも対象としています。

　知的発達に全般的な遅れがない発達障害の子どもたちの多くは、通常学級で教育を受けるばあいが多いのですが、対人関係や、学習面、行動面で困難を示すため、往々にして集団での学習や生活が苦手です。そのために通常学級では、「困った子」として捉えられがちです。

　しかし、この子どもたちの困った行動は、たんに「わがまま」や「しつけ」の問題ではなく、脳に起こっている何らかの機能障害に原因があると考えられています。しかもその行動を引き起こす背景には、その子なりの理由があるのです。

　こうした子どもたちへの適切なサポート（支援）を、通常学級の先生も、保護者も、そしてだれよりも発達障害の子どもたち自身が待ち望んでいることと思います。

　学校は、子どもたちが一日の大半を過ごす場所です。集団の中で過ごすことで子どもたちは成長していきます。友だちの行動を見たり、まねたり、自分の考えを友だちに投げかけたりして、学びを広げていきます。

　したがって、「教えて」「貸して」「いいよ」「ドンマイ」「すごい」「じょうず」などの受容や共感の言葉がたくさん飛び交う、困ったことがあれば助け合う……、そんなふうに学校全体で温かい人間関係が育まれていることが、子どもたちの学びを豊かにする必須要件だと思います。

　障害のあるなしにかかわらず温かな学級の風土づくりがすべての可能性の出発点であり、学級経営の基本であると考えます。

　本書の内容は、発達障害の子どもに対する【サポートの方法】を現場の先生方とともに実践し、修正を重ねながら編み出したものです。それぞれのサポートは、相互に補完したり発展したりする関係にあります。本書の内容を参考に、子どもの実態に合わせたよりよい方法を、先生たちが編み出してくださることを願っています。

梅原厚子
（渋谷区教育委員会就学相談員）

もくじ

- ●はじめに……………………………………………………………003
  - ■発達障害の理解と支援

生活編

- 01 学校生活の不安はイラスト化で取りのぞく……………………008
- 02 係活動のやり方は図解しながら練習する………………………011
- 03 給食の配膳の仕方を映像で示す…………………………………014
- 04 学習予定を教科書の表紙で掲示する……………………………017
- 05 係活動を忘れないためのカードシステム………………………020
- 06 ノート・教科書はゴムバンドでひとまとめ……………………023
- 07 クラスの小物は牛乳パックに収納………………………………025
- 08 片づけやすい教室で情緒を安定させる…………………………028
- 09 黒板やそのまわりはすっきりさせる……………………………030
- 10 「朝の時間」に今日の予定を確認する…………………………033
- 11 メモをフル活用する………………………………………………036
- 12 教室を飛び出した後の行き場を決めておく……………………038
- 13 クールダウンできる場所をつくる………………………………041
- 14 学習に集中できる場所をつくる…………………………………044
- 15 話は小道具を使って印象的に簡潔に……………………………047
- 16 子どもの発言を言語化する………………………………………049
- 17 大きな音を予告してパニックを回避する………………………052
- 18 感覚過敏を理解し安心感を与える………………………………055
- 19 場にふさわしい言動をパターン化して教える…………………058

学習編

- ⑳ 学習の流れをパターン化する ……………………………………… 062
- ㉑ 授業中も立ち歩ける場面を設定する ……………………………… 065
- ㉒ 定規の使用法は色で示す …………………………………………… 067
- ㉓ 時間は視覚化する …………………………………………………… 070
- ㉔ 教材は拡大表示する ………………………………………………… 072
- ㉕ 校外活動の事前指導に映像を取り入れる ………………………… 074
- ㉖ 体の機能を使いこなす運動をする ………………………………… 076
- ㉗ はさみやクレパスで手先を使う練習をする ……………………… 079
- ㉘ 絵を描く前に筆の使い方を練習する ……………………………… 082
- ㉙ 思考をリードするワークシートの活用 …………………………… 084
- ㉚ ボードを使って自分の意見を発表する …………………………… 086
- ㉛ 話すことが苦手な子へ　4つのポイント ………………………… 088
- ㉜ 聞き取りが苦手な子へ　8つのポイント ………………………… 090
- ㉝ 文字を書くことが困難な子へ　6つのポイント ………………… 093
- ㉞ 文章を書くことが困難な子へ　4つのポイント ………………… 095
- ㉟ 計算や文章題を解くことが困難な子へ　4つのポイント ……… 097

- ●あとがきにかえて ……………………………………………………… 099
- ●参考になる本・資料

■発達障害の理解と支援

　発達障害は、LD（学習障害）、ADHD（注意欠陥多動性障害）、高機能自閉症（アスペルガー症候群）の総称です。発達障害の子どもの持っている行動上の特性は、本人のわがままや親のしつけの問題から生まれたものではなく、中枢神経系に何らかの機能不全があることが原因と考えられています。

　特別支援教育では、それまでの特殊教育（心身障害教育）の対象としてきた視覚障害、聴覚障害、知的障害、肢体不自由、病弱の子どもたちに加えて、全般的な知的発達に遅れのないLD、ADHD、高機能自閉症の子どもたちも対象となりました。

●ＬＤ（Learning Disorders、Learning Disabilities：学習障害）

　これまで、本人の努力不足だと思われていた漢字などの習得の遅れが、LDによるものだというケースがあることが、近年の研究からわかってきました。

　全般的な知的な発達に遅滞はありませんが、聞く、話す、読む、書く、計算する、推論するなどの能力のうち特定のものの習得と使用に著しい困難があります。とりわけ、言語の分野で何らかの困難を抱えている子どもが多数を占めます。聞く、話す、読む、書く、計算する、推論するなどの能力に大きなばらつきがある子どもについては、学習の様子をていねいに観察して、何が困難なのか明らかにした上で、具体的なサポートをすることが不可欠です。学習の様子の観察は、各相談機関の臨床心理士やスクールカウンセラーなどの専門家に依頼するのがよいでしょう。

●ＡＤＨＤ（Attention Deficit Hyperactivity Disorder：注意欠陥多動性障害）

　ADHDの子どもたちには、年齢とは不釣合いな注意力の欠陥、行動における衝動性や多動性などが特性としてあります。授業中に窓の外の光景に注意を奪われ、学習に集中できなくなったり、整理整頓が苦手なため忘れ物が多かったり、新しい約束をすると前の約束を忘れていまうため、友だちとの約束が守れないなど、さまざまな失敗経験を重ねています。

　これらの行動に関して人からしばしば注意を受け、本人も気をつけようとするのですが、なかなかコントロールができないのです。自信を失い、一番つらい思いをしているのは本人です。

●高機能自閉症（アスペルガー症候群＝ Asperger Syndorome：AS）

　高機能自閉症は、つぎの３つの自閉症の特性を持ち、知的な発達に遅滞のないタイプを指します。
・人との社会的関係がつくりにくい。
・言葉の発達に遅れがある。
・興味関心の幅が狭く特定のものにこだわる。

　そのうち、言語に遅滞のないタイプをアスペルガー症候群と言います。ちなみに、アスペルガーの名称は1944年、この症候群をはじめて報告したオーストリアの小児科医ハンス・アスペルガーの名前に由来します。

　自閉症の子どもは、その場の雰囲気を読み取ることが苦手だったり、相手の不快に気づかず「思ったこと」を言ったりするので、対人関係がうまく持てなかったり、場にそぐわない発言が笑いの対象になったりすることがあります。本人にもそのことの自覚があり、周囲からの反応に深く傷つくことがあります。周囲の人の反応から自分が受け入れられていないことは感じますが、なぜ自分の言動が相手の困惑や失笑を招いたのかは、気づきにくいのです。そのため言いようのない不安感を抱くことにつながります。

●生活編

生活編では、視覚を生かしたサポート、ものを収納しやすい環境づくり、
伝わりやすい話し方などをイラストと写真で紹介しています。
あらゆる子どもたちが安心して学校生活を送ることができるように
サポートを工夫しましょう。

生活編 **01** 学校生活の不安はイラスト化で取りのぞく

こまったエピソード

　子どもにとって、靴の左右の区別はむずかしいものです。小学校低学年では、靴を左右逆に履いていても気づかない子どもが大勢います。靴の左右の微妙な形の違いを視覚で識別できないだけでなく、履いた時に足にフィットしているか違和感があるかといった感覚が育っていないことも理由の一つに考えられます。この傾向は幼児や障害のある子どもに顕著です。

　小学校1年生になったCさんも靴の左右がなかなか区別できません。お母さんが、右の靴に赤い印をつけてくれましたが、Cさんは、「えーっと、赤い印は、右だった？　左だった？」とまた混乱してしまいました。

こんなサポート

　赤い印＝右側という複雑で抽象的な思考は、幼い子どもが苦手とするところです。子どもに「赤い印がついている方が右って教えたでしょ！」と叱っても効果はありません。

1 中敷きの工夫で靴の左右を区別する

　右のイラストのような中敷きなら、どの子にもひと目で左右が区別できます。この中敷きは、子ども用品の通信販売のカタログで見つけたものです。障害のある子どもへのサポートは、特別なことをしなくても、どのような場面でつまづくのかをていねいに観察し日常の生活用品にちょっとした工夫や配慮を加えることで可能になります。

　人はみな、言語や文字による情報よりも、絵や図などビジュアル（視覚的）な情報の方が認識しやすい特性を持っています。

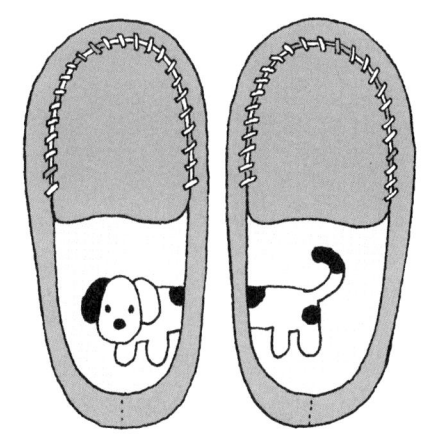

2 教室の収納場所をイラストつきで表示する

　教室の中には、みんなで使う学用品などが引き出しや箱などに収納されています。入っている品物を文字だけでなく、イラストでも表示します。

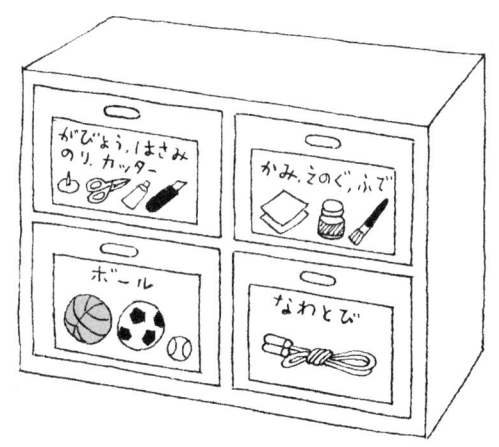

3 学校中の収納場所をイラストで表示する

　家庭科室や理科室の引き出し、音楽室の小楽器を収納してある箱、乱雑になりがちな体育倉庫にも、用具の置き場をイラストで説明します。収納する時、そのイラストを見れば、いつでもだれでもおなじ状態の整理が可能になります。

　家庭科室などの特別教室の表示は、コーディネーターの先生を中心に、学校全体の共通理解と協力をはかりながら進めましょう。

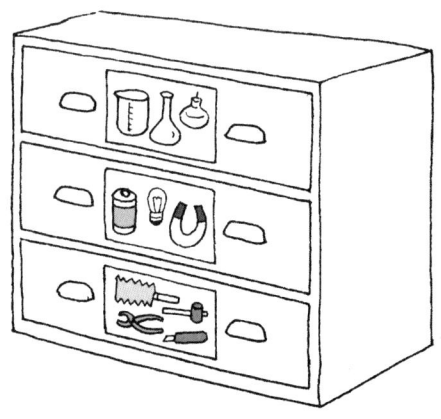

＊コーディネーターの先生：特別支援教育コーディネーターは、全国すべての小・中学校にいます。校内の関係者および、校外の関係機関・専門家などと連携を図り、LDなども含め、障害のある児童・生徒やその保護者のニーズに応じた具体的な支援策の調整や実施をする役割を任う先生。

4 イラストの表示で不安を解消

　保育園、幼稚園に比べて学校は規模が大きく、おなじ造りの教室がたくさんあります。とくに、小学校生活をはじめたばかりの1年生にとっては、ちょっと教室を離れただけで迷子になりそうで不安感を持ちます。各教室にわかりやすく、親しみやすいイラストを掲示しましょう。

5 日本語を読めない訪問者になって

　日本語の読めない外国からの訪問客のつもりになって校門をくぐってみましょう。掲示板を頼りに目的の場所まで行くことができるか、チェックしてみましょう。文字だけの情報では、目的地にいくのはなかなか困難です。

　視覚に訴える親しみやすいイラスト表示がたくさんあると、校内の情報がわかるようになるだけでなく、学校の雰囲気が明るく楽しくなります。学校がだれにも親しみやすい場所であることは、開かれた学校であるポイントです。

　1年生の特別教室への移動は、体育館や音楽室などの入口の写真を見せながら移動のルートを説明します。

サポートポイント

★障害のある子どものトラブルは、さまざまな場所、きっかけで起こります。イラスト表示だけで解決するものではありませんが、できることを一つひとつ積み重ねることで、子どもたちが安心して学校生活を送ることができるようにすることが大切です。

生活編 02

係活動のやり方は図解しながら練習する

こまったエピソード

　アスペルガー症候群のKくんは3年生に進級して、生き物係になりました。はじめての当番の朝、金魚にえさをあげようと張り切って、いつもより早めに登校しました。かばんの中身を机の中に入れるのもそこそこに、窓辺の水槽に近づき、えさの入っているビンを手に取ると、あっという間に全部水槽の中に入れてしまいました。それに気づいた子どもたちが、口々に叫びます。
「あっ、Kくん、だめだよ」「全部入れちゃった」「金魚が死んじゃうよ」「水を取りかえなくっちゃ」「私、先生呼んで来る！」
　さっきまで、いきいきと張り切っていたKくんの表情がにわかに曇ったかと思うと、教室を飛び出してしまいました。Kくんは、友だちの声が迫ってくるような恐怖を感じていたのです。Kくんには、何が悪かったのか理解ができません。ただ、自分が大変な失敗をしてしまったようだ、ということだけは周囲の友だちの反応からわかりました。とても悲しくなりました。
「ばか、ばか、ばか」と言いながら自分の頭をこぶしでたたき、トイレの中でうずくまっていました。

こんなサポート

　ほどよい分量の見当をつけることが、苦手な子がいます。「このくらいわかっているだろう」という大人の一方的な思い込みで子ども任せにすると、思わぬところで失敗を重ねさせてしまいます。

　金魚のえさの量の見当がつけられるまでには、何回もくり返し練習する必要があります。練習の際には、視覚に訴えるイラスト表示を使います。

1 Kくんの特性を理解する

　Kくんは、金魚のえさの適量がわからなかったのです。担任の先生は、適量の見当をつけることが苦手なKくんの特性を理解し、あらためて係活動のやり方、1回当たりのえさの量を説明し、何度かいっしょに練習をしました。

2 えさの量を具体的に教える

　えさの計量方法に工夫が必要です。耳かきの柄を短く切ってスプーン代わりにし、えさのびんのそばに置きます。えさのびんにラベルを貼り、耳かき何杯分などとイラストを描きます。これによってKくんはえさの適量を具体的にイメージすることができます。

3 律義という特性を活かす

　アスペルガー症候群の子どもはとても律義です。この特性を活かして、えさやりの時には必ずびんに貼ったラベルを確認するように教えます。パターン化した行動を何度も何度もくり返すことによって、やがて表示を見なくても「ほどよい分量の見当をつけること」ができるようになります。

4 子どもの話をていねいに聴こう

パニックに陥った時には、できるだけ穏やかな口調で語りかけ、静かな場所に子どもを移動するなどして落ち着かせましょう。アスペルガー症候群の子どもには、言葉の遅れがありませんから、落ち着いたらゆっくり話を聴き、パニックの原因をつかみます。

順序立てて話せなかったり、断片的な言葉であったりしますが、ていねいに相づちを打ちながら聴きましょう。

事実関係だけでなく、気持ちを言語化してあげて、受け止める聴き方が大切です。

5 クラスで役割を確認する

Kくんのケースでは、えさをやるのは「金魚係」の子どもだけ、という約束を子どもたちと確認しておくことが大切です。

えさをやるのは金魚のためで、係でない子どもが重複してえさをやってしまうと、金魚が死んでしまうことを教えます。「金魚係」の中でも当番の曜日を決めて掲示しておきます。

一つひとつのことが毎日おなじようにおこなえることが、秩序ある学級づくりのポイントです。

サポートポイント

★子どもの話をていねいに聴くことは、先生が情報を得るだけでなく、子ども自身がその時の状況や自分の気持ちを整理する助けにもなります。

★成功体験を積み重ねていくことが、子どもたちの自己肯定感を高めていきます。

★教育環境の整備は、発達障害の子どもへのサポートにとどまらず、すべての子どもたちの生活経験を広げることにつながります。

生活編

03 給食の配膳の仕方を映像で示す

こまったエピソード

　2年生のSくんは、一度入った情報を変更することが苦手です。

　大好きな給食当番がまわってきたSくんは、前回とおなじようにご飯を小さい食器に盛りつけていました。

　ところが、今日の献立は中華どんぶりで、おなじ当番のTさんに大きい食器にご飯を盛りつけるようにいわれ、混乱してしまいました。前回と違う食器の使い方が受け入れられません。Sくんは「違うの！」と言って聞き入れませんでした。

　そこで担任の先生は、Sくんを給食室に連れて行って配膳サンプルを見せ、献立と食器の使い方を説明しました。納得すれば立ち直りの早いSくんは、無事ご飯の盛りつけを終わりました。

こんなサポート

　給食室の前には配膳サンプルが置いてありますが、子どもの中には、配膳サンプルを見たとしても、教室に戻るまで覚えていられない子もいます。また、給食室の前では給食当番の子どもしか見ることができません。みんなが情報を共有できるシステムづくりが必要です。

1 配膳サンプルを映像で見せる

　東京都渋谷区のある学校では、毎日の給食をデジタルカメラで撮影し、学校のホームページで発信していたので、おなじ画像を校内テレビを使って各教室に流すことにしました。

2 あらかじめ変更を知らせる

　予定に変更があった場合も配膳サンプルを校内テレビを使って配信すれば、問題は解決です。
　校内テレビがむずかしい学校では、デジタルカメラで撮影した写真をプリントして給食時に各教室に掲示する方法も効果的です。

3 食への関心がアップする

　午前中の授業が終わって、ほっとしている時間帯に、その日の献立が映像になって教室のテレビに現れたら給食に対する期待感が倍増します。子どもたちの気持ちを明るくする効果もあります。
　献立名、料理名、食材の紹介をテロップで加えれば、食に対する関心を高める上でも効果的です。

4 後片づけのやり方を映像で示す

　給食の時間が終わると、いよいよ後片づけです。子どもたちの気持ちはリラックスしていますから、食器の後片づけを秩序正しくおこなうのはとても大変です。中サイズの食器と小サイズの食器の区別がつかなかったり、箸の方向がまちまちのまま、かごに入っています。
　後片づけのやり方を静止画像で流すと、言葉で伝えるより、はるかに的確に子どもたちに伝わります。

　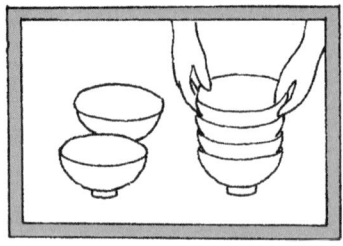　

残したものは食かんに戻しましょう。　　丸いうつわ同士で重ねましょう。　　平らなお皿同士で重ねましょう。

5 いつもと違うことが苦手

　子どもは、手順がわかっている場面では安心して行動できます。反対にいつもと違う方法を指示したり、予定が急に変わったりすると、ただちに新しい行動に切り替えることが困難です。とくに発達障害の子どもは、いつもと違うことに対応することが大の苦手です。

サポートポイント

★どの子も安心して学校生活を送るためには、生活上の決まりや手順などの情報が子どもたちに十分かつ正確に伝えられていることが重要です。

★生活経験の乏しい子どもには、言葉だけでは指示された内容をイメージする力が十分には育っていません。テレビの持つ情報伝達能力を活用しましょう。

★言語情報より視覚情報の方が入りやすい発達障害の子どもには、とりわけ効果があります。

生活編

04 学習予定を教科書の表紙で掲示する

こまったエピソード

　ADHDのMくんが、虫採り網を手にランドセルをカタカタ揺らして登校してきました。
　校門で先生が、「今日は何があるの？」と問いかけると、「ヤゴ採るの！」ととびきりの笑顔と元気な声が返ってきました。たしかにこの日「ヤゴ採り」があるのですが、時間割では5時間目です。すでにMくんの頭の中は、午前中の授業のことなどそっちのけで、「ヤゴ採り」のことで頭がいっぱいになっています。
　1時間目の授業がはじまり、5分以上も過ぎているのにまだ学習準備ができていません。Mくんは、今が何時間目なのかも、どの教科書を出していいのかもわかりません。
　早く授業をはじめたくてあせっていた先生は、「早く教科書を出しなさい」と声もつい大きくなりがちです。叱られれば叱られるほどMくんの頭はますますこんがらがってしまいます。
　こうなるともう勉強どころではありません。自分の席に座っているのも苦しくなっていたたまれず、一人になれるところに行きたくなります。気がつくと教室を飛び出していました。とにかく先生に捕まらないところに行きたかったのです。
　落ちついたあとMくんはいつも「ぼくは、学校が大好きなのに、どうしていつもこうなっちゃうんだろう」と悲しくなります。

こんなサポート

多動性のある子は、じっとしていることが苦手なだけでなく、わずかな刺激で気持ちのコントロールができなくなり、授業中に教室を飛び出してしまいます。思うようにいかず、悲しい思いをしている子どもの気持ちを十分理解し、サポートします。

1 子どもの状態を理解する

Mくんには、授業がはじまっても、今が何時間目なのかがわかっていません。それなのに先生の目には、「ぐずぐずしている」と映り、Mくんを叱りました。

Mくんが教室を飛び出した背景には、担任の先生の理解の不足がありました。

2 視覚を使った時間割の表示

学校生活をスムーズに送るために、一日の学習予定の流れがわかることが不可欠です。

写真は、教科書の表紙を35％に縮小コピーし、ラミネート加工して裏にマグネットをつけたものです。これを黒板に掲示して、授業に必要な教科書を指示します。子どもたちは黒板の時間割表に表示された教科書を探せばよいので、準備が容易になります。

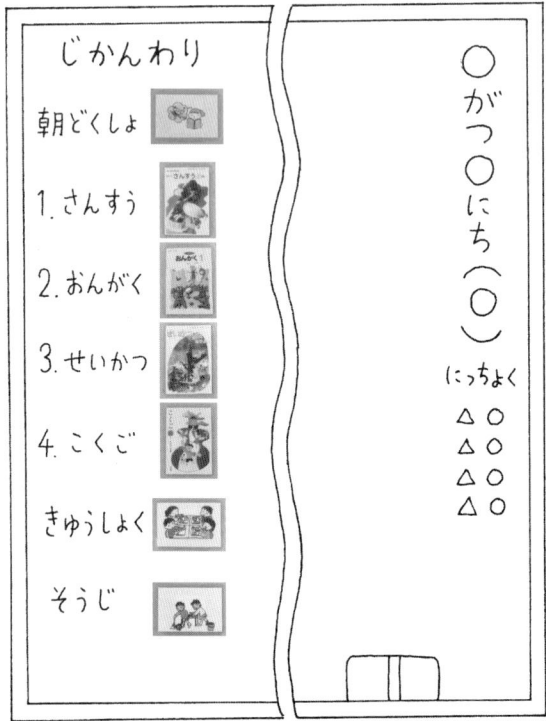

教科書の縮小コピーや給食やそうじなどの活動をイラスト化したものをラミネート加工し、時間割表示する。左端のように裏にマグネット（黒い部分）をつけ、黒板に掲示できるようにしておく。

3 状況を明確にする

子どもの特性を理解した具体的な支援が必要です。
＜今が何時間目の授業であるか＞
＜何の教科の授業であるか＞
＜用意する学用品は何か＞
この3点を明確に示す必要があります。

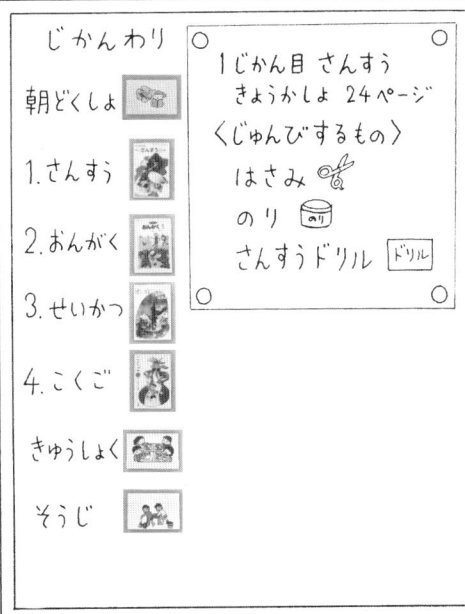

4 必要なものだけを取り出して提示する

　たくさんの中から1つだけを取り出して認識することが苦手な子どもがいます。たとえば、一日の時間割の中からつぎの授業だけを選び出すことが困難なことがあります。そのばあいは、つぎは何の授業かという情報を明確にするためにマグネットで表示することも効果的です（34ページのサポート3参照）。

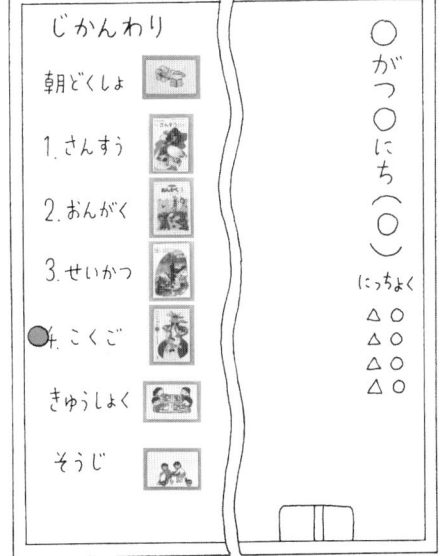

サポートポイント

★時間割表示の教科書コピーは裏にマグネットをつけないセットをもう一組つくっておくと便利です。机の上に教科書が出ていない子どものそばに行き、この教科書のコピーを示して穏やかに「用意してください」と言えばよいのです。そうすれば叱る必要はなくなります。

★黒板の時間割表示でつぎの授業が何かを示すとき、それを苦手な子ども本人にさせると、認識は促されます。

生活編 **05 係活動を忘れないための
カードシステム**

こまったエピソード

　Nさんは、笑顔がかわいらしい小学校4年生の女の子です。係の活動をするのが大好きですが、新たな情報が入ると、前に約束したことを忘れてしまいます。
　4年生になったNさんは、前からやりたいと思っていた「栽培係」になりました。しかも、仲よしのAさんといっしょです。
　朝、Aさんが、「今日、中休み、当番だよ。いっしょにやろうね」と声をかけてくれました。Nさんはうれしくて、「うん、わかった。やろうね」と大きな声で答えました。
　いよいよ中休みです。Nさんは、学級園に向かうためにまっ先に教室を飛び出しました。ところが昇降口で、Rさんに「大縄とびの場所取りをしよう！」と声をかけられました。「いいよ」と答えた瞬間、Nさんは「栽培係」のことをすっかり忘れていました。
　中休みは、友だちと汗だくになるほど大縄とびを楽しみました。場所取りをしたおかげで、大縄とびができ、友だちからもお礼を言われ、Nさんは得意になっていました。
　その直後です。昇降口で出会ったAさんから、「N子、何で来なかったのよ。もう友だちやめるからね」と責められてしまいました。Aさんとの約束を思い出したNさんは、奈落の底に突き落とされたような気持ちになりました。「どうしていつもこうなっちゃうんだろう」。Nさんは、自分が情けなくなり、Aさんが自分から離れていってしまうという寂しさと悲しみで心の中は一杯になっていきました。

こんなサポート

　ADHDの子どもの中には、注意欠陥が目立つ子どもがいます。目に入ったことに関心を奪われると、前の約束や、やらなければならないことはすっかり忘れてしまいます。サボるつもりも、友だちを裏切るつもりもまったくないのですが、友だちには信用できない子という目で見られてしまい、そのたびに悲しい思いをします。いくら「今度から気をつけよう」と思っても、いつもおなじ結果になります。

　自分でも自覚していながらできないのですから、ただ気をつけるように注意することでは何の効果もありません。

1 係活動カードを作る

　係活動や当番活動の役割をわかりやすく示すために、絵入りの表示を作ります。それをカードにして肩がけができるように工夫します。絵入りのカードを確認すれば、一目見て活動の約束を思い出します。

2 安全に配慮した工夫

　カードはラミネート加工し、角を丸く切り落とし安全にも配慮します。子どもの発達段階に応じて、肩からかけるなどの工夫します。

3 係活動カードで情報共有

　係活動が終わったら、係活動カードを決められた場所にかけます。カードを返却することで、係活動が終わったかどうかの情報をクラス全員で共有できます。

　このようなシステムにすれば、係活動が終わっていない友だちへの促しや、手助けの申し出、終了した友だちにねぎらいの言葉をかけるなどの行動が生まれます。

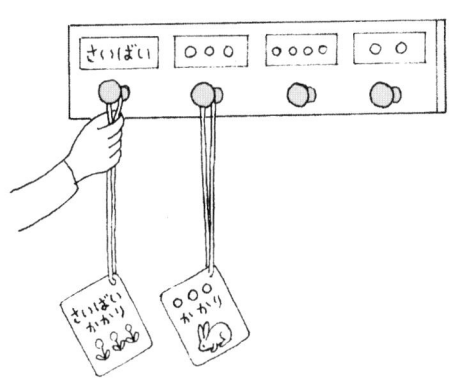

4 係活動カードにもうひと工夫

　係活動を忘れなくなったら、カードを状差し型に変えます。裏には「終わりました」の表示をし、係活動が終了したら、カードを裏返します。

サポートポイント

★予定や約束、持ち物などを忘れてしまうことが多い子は、どの学級にもいます。「忘れっぽい子」に罰と叱責を加えても問題は解決しないばかりか、子ども相互に評価の優劣感を与えてしまい、好ましい人間関係は育まれません。

★係活動の状況を学級全体で確認するシステムがあると、やったことを認め合うことも、忘れているばあいに促すこともできるようになります。

★「忘れっぽい子」が忘れないで活動ができた時には、みんなの前でほめてあげてください。

★担任の一人ひとりの子どもの行動特性に応じた温かい支援の中で、子どもたちが互いを認め合う人間関係が育まれていきます。

生活編

06 ノート・教科書はゴムバンドでひとまとめ

こまったエピソード

　国語の授業がはじまっているのに、Tさんは、なかなか教科書やノートが用意できません。ぐちゃぐちゃの机の中からようやく教科書を見つけましたが、ノートや漢字練習用ノート、漢字ドリルが見つかりません。先生の視線も気になり、焦れば焦るほど頭の中はこんがらかってきます。社会科のノートも国語のノートもおなじに見えてきます。手当たり次第に引っ張り出したノートが、机の下に散らかってしまいました。
　「わたしは国語、大好きなのに。読む時には元気よく手をあげようとおもっていたのに……」とTさんは、悲しくなりました。
　ノートを探すのは後回しにして、とりあえず机の上に出した教科書を開きます。もう授業はだいぶ進んでいました。みんなが何ページを読んでいるのかがわかりません。仕方がないので、まわりの友だちの教科書をチラッと見て挿絵を手がかりに、おなじページを開きます。ようやく授業を進める先生の声が耳に入ってきます。なんだか、もう疲れてしまいました。

こんなサポート

　ADHDの子どもの多くは整理整頓が苦手です。道具箱や机の中がぐちゃぐちゃだったり、机の周りにいろいろな物を落としている子がいます。片づけに集中したり、おなじ仲間の物をまとめることが苦手なのです。勉強道具や遊び道具などをすっきりと収納する工夫、また、掲示板を工夫したサポートが必要です。

1 叱って直るものではない

　教室の机の中に置く道具箱には、教科書やノート、はさみ、セロテープ、クレヨン色鉛筆、ホチキスなどのすべての学習道具が、重なり合って入っています。ぐちゃぐちゃになるのも無理ありません。
　おそらく自宅でもおなじような状態でしょう。その結果、忘れ物が多くなったり、授業で使う学用品の準備に手間取ったりします。これだけでも叱られる要素が山積しています。しかし、叱って直るものではありません。

2 イラスト下敷きで整頓する

　道具箱の底に、収納する場所を示す下敷きを敷きます。入れ忘れがあったばあい、すぐに気づきます。この方法で収納すると道具箱は1つでは、入りきりませんので、2つ目の道具箱を用意します。2つ目の道具箱には使用頻度の低い道具を入れ、あまっているロッカーを提供します。授業中でも道具を取りに席を離れることができるので、多動性のある子には多動衝動を緩和できる機会にもなります。

3 結束ゴムバンドで、教科書を整理する

　幅の広いゴムバンドで、教科書やノートを教科ごとにまとめるようにします。ゴムバンドの端は、縫い合わせか接着剤で止めるのがよいでしょう。ゴムひもの端を結ぶと、ごろごろしてしまい、重ねるのに不具合です。
　必要ならばゴムバンドを赤色（1時間目に必要な物）、緑色（2時間目に必要な物）と色をぬり使うと効果的です。各時間割の表示（18ページのサポート2）で使ったマグネットの色とおなじにするといっそう効果的です。

4 プリント類は整理袋に入れる

　プリント類はファスナーつきの透明な袋を利用します。

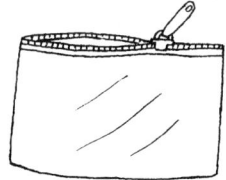

サポートポイント

- ★大切なことは、一人ひとりの子どもの特性に応じて適切なサポートをすることです。【できた体験】を積み重ねることによって、自己肯定感を高めます。
- ★整理整頓が苦手な子どもに対し、「だらしなさ」だけを問題にして、叱責を重ねても事態は変わりません。
- ★整理整頓の秘訣のポイントの一つが「おなじ種類の物をひとまとめ」です。使い終わったらおなじ物を集めて、元の場所にしまうという習慣を身につけさせましょう。
- ★色分けの活用も効果的です。家庭と学校が協力しておなじ分類のもとで子どもが安心して生活できるようにしましょう。

生活編

07 クラスの小物は牛乳パックに収納

こまったエピソード

　3年生のMくんは、使った縄とびの縄をうまく結べないので、いつもくるくると丸めてロッカーの中につっこんでいました。Mくんの縄はいつの間にかロッカーからはみ出してしまったので、下の段を使っているAさんに「Mくん、なわとび、ちゃんとしまってよ」と文句を言われてしまいました。

　Mくんだって友だちみたいにかっこよく結んで、机の横にかけたいと思っているのです。けれどAさんの注意に、ついカッとなって「うるさいなあ」と言ってしまい、口げんかになりました。Mくん自身も友だちに文句を言われないで、気持ちよく過ごしたいのです。

こんなサポート

　多くの学校では、1年生の時に縄の結び方を指導します。担任の先生は、「子どもはできている」と思いこんで、それ以降は指導しません。その結果、高学年になっても縄の後始末は相変わらず苦手なままで、「だらしのない子」と思われてしまう子どもがいます。

　学年が上がっても、子どもが苦手にしていることがあれば、丁寧な指導が必要です。

　教室の中には、子どもたちの生活や学習に使うさまざまな学用品や教具がたくさんあります。これらが使いやすく、すっきりと収納されていることは、子どもたちの暮らしやすさ、学びやすさにつながります。

　学用品や教具がすっきりと収納され、使いたい時にすぐ取り出せるように整えられた学級からは、温かな学級の雰囲気が伝わってきます。過ごしやすい生活環境の中で、子どもたちの情緒も安定してきます。

1 縄の結び方を練習する

家庭でも縄の結び方を練習できるようにイラスト図解した説明書を配布しましょう。

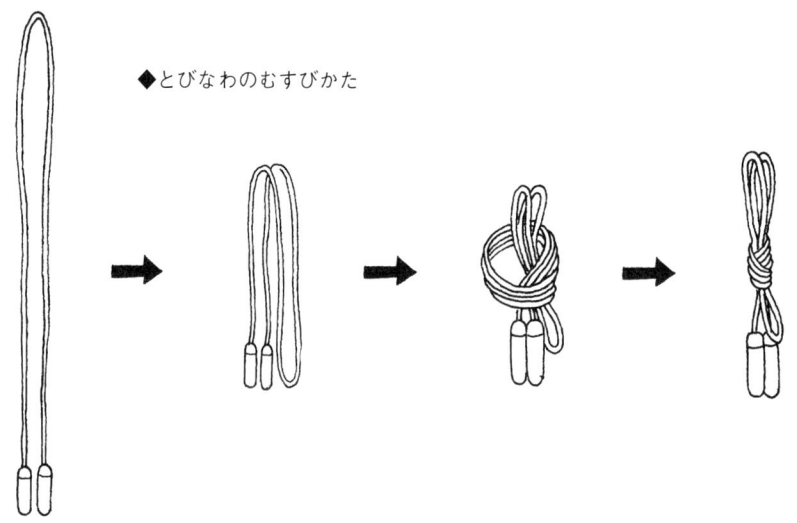

◆とびなわのむすびかた

2 専用の収納場所をつくる

　縄は結んで机の横や廊下のフックにかけておくことが多いと思いますが、フックには、いろいろな物がかかっています。すぐに縄が取り出せないので、子どもは案外使いにくさを感じています。

3 牛乳パックを使って縄入れ

　とびなわの収納グッズとして便利なのが、1リットルの牛乳パックです。

　クラスの人数分の牛乳パックを並べて、ガムテープで留めればとびなわ入れの完成です。

　うまく縄を結べる子には、結んでから収納するように指導しましょう。

4 牛乳パックをもっと活用

　縄だけでなく、けん玉やコマ、コマのひもなども、絡まってしまうと使いたい時にすぐ取り出すことができません。牛乳パックの大きさを変えれば、さまざまな収納グッズとして応用ができます。けん玉には500ミリリットルの牛乳パックをはり合わせました。

　コマには500ミリリットルの牛乳パックの高さを半分に切ってならべてみました。

サポートポイント

★牛乳パック収納箱を作ったら、あまっているロッカーを専用の収納棚にするとよいでしょう。

★収納してあるものが一目でわかるように、名称表示も忘れずに。

★使いたい物の収納場所が一目でわかり、きちんと整理されている環境は、障害のある子どもだけでなく、すべての子どもたちにとっての情緒の安定につながります。

生活編

08 片づけやすい教室で情緒を安定させる

こまったエピソード

　Sさんの学級では、ぞうきん掛けが壊れてしまったために、教室の窓のさんにぞうきんを掛けています。Sさんのお母さんはこの状態が長期化していると、Sさんがぞうきんは窓のさんに掛けるものだと認識してしまうことを、心配しています。

　高機能自閉症のSさんにとって、「本当はぞうきんはぞうきん掛けるのだけれど、壊れているので今は窓のさんにかける」という状況理解と臨時的な対応が一連のものとして結びつきません。小学校に上がってから混乱することは少なくなりましたが、お母さんは好ましい生活習慣を身につけられるように、家庭での環境整備も心がけると同時に、学校の配慮も願っています。

こんなサポート

　子どもの生活習慣は毎日のくり返しの中で身についていきます。好ましい生活習慣が身につくような環境の整備が重要です。窓のさんにぞうきんを掛けていたり、画びょうの缶にゼムクリップが混入するような「イレギュラー」が、日常化してはいませんか？　適切な場所に物が収納されていることは、どの子にとっても居心地のよい生活環境なのです。

生活編 08

1 変化への対応が困難

窓のさんにぞうきんを掛ける方法が一度定着すると、それが正しいぞうきんの収納場所だと思いこんでしまいます。ぞうきん掛けに掛けることに戻った時、修正するのにまたひと苦労です。

2 細かく分別収納をする

Kさんの学級の「落とし物箱」は、牛乳パック（500ミリリットル）の高さを半分にして何個もつないだケースです。小さい落とし物を入れるために高さが2センチくらいに切った小さな牛乳パックもつなげています。

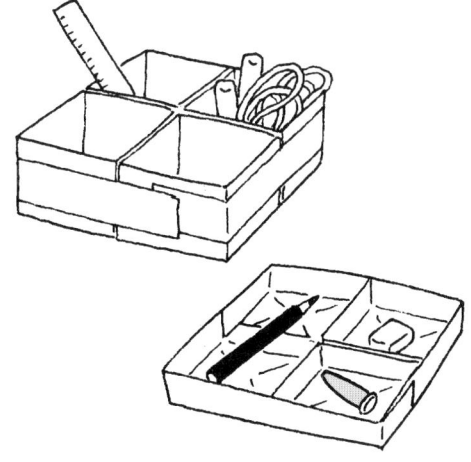

3 「落し物係」ができるようになる

Sさんはこの落とし物箱の整理が大好きです。落とし物は入れる場所が種類ごとに決まっているので、気持ちがよいのです。Sさんがこの落とし物箱が好きなことを学級の友だちもわかっていて2学期の係を決める時に、Sさんの第1希望を生かして落とし物係に決めました。

サポートポイント

★発達障害の子どもの中にも片づけが苦手な子がいます。本当は、自分の持ち物をすっきりと収納したいと思っているのです。

★収納しやすい環境を整えることは、「なりたい自分像」の自己実現を容易にするサポートにつながります。

★高機能自閉症の子どもの中には、曲がって留めてある掲示物が気になり、一つひとつ止め直し、まっすぐすることが得意な子もいます。このような子どもの特性は学級全体で認めて活かしていきます。

生活編 **09 黒板やそのまわりはすっきりさせる**

こまったエピソード

　ADHDの3年生のHくんは、毎朝「今日こそ先生に注意されないようにしっかり勉強しよう」と決意して学校に来ます。
　授業中、それまで集中して先生の話を聞いていたHくんの視界にあるものが入ってきました。黒板の横の掲示板に貼ってある、給食の「くるくる回る当番表」です。それを見ているうちに、今日の給食の献立が気になってきました。「今日の給食は何だろう」と思ったとたん、自分でも気がつかないうちにHくんは、献立表の前に立っていました。
　先生はそっとHくんの背中を押して席に戻します。しかしHくんは、給食室の様子を見たくてたまらなくなりました。今朝、家を出る時にお母さんから「授業中は、出歩かないのよ」と言われたことを思い出して、我慢していましたが、だんだん頭の中がもやもやしてきて、息苦しくなってきました。
　ついに我慢ができなくなって、気がついたらHくんは廊下に出ていました。とにかく先生に見つからない場所まで行かなければと思って、全速力で走って廊下を曲がりました。

こんなサポート

　Hくんのトラブルの発端は、たまたま目に入った給食の「くるくる回る当番表」です。この当番表は、給食当番の役割を明らかにする上で大切な物ですが、前面に掲示してあったため、Hくんの授業中の集中力をそぐことになりました。

　大切な情報だから見やすい前面にという担任の先生の考えはわかりますが、今一度、子どもの目で教室内の掲示板や掲示物を見直してみましょう。授業中、目に入る情報量が多いと、どの情報が重要でどこがポイントであるかなどがわからなくなり、授業への集中力の妨げにもなります。

1 掲示物は最低限にしておく

　ADHDの子どもは、興味あることが目に入ってきたとたんに注意力をそちらに奪われます。ですから、集中して学習に取り組めるようにするためには、座席は窓側より廊下側の方がよいですし、掲示板などの、目に入る情報を制限することが有効です。

　教室の前面の掲示板には、必要最低限の掲示にとどめ、それ以外の掲示物は廊下側や背面の掲示板を使うのがよいでしょう。どうしても前の掲示板に、物を貼らなければならない状況では、イラストのようにカーテンを下げることをおすすめします。

2 黒板の情報を整理する

　黒板には、日にち、曜日、今日の時間割くらいにとどめ、それ以外は学習内容を板書するだけにします。時間割を掲示するばあいは、板書エリアとの間に区切りのラインを入れたり、掲示板用のカーテンを長めに作って、授業がはじまったら、その部分を隠す方法もあります。

　授業中の発言者を表示する「名前カード」を黒板に貼っている学級も多く見かけますが、マグネットつきの小さなボードにして、必要な時だけ取り出すようにするとよいでしょう。

　未提出者の子どもの名前が掲示されていることがありますが、長期間の表示は人権上の配慮から避けます。担任の先生の机の上も整頓しておきます。

3 シンプルな学用品を使う

　学用品選びは子ども任せにしないで、学用品という本来の目的に照らしてできるだけシンプルな物を選ぶように保護者にも協力を求めましょう。

　たくさんの機能がついた筆箱や、アニメのキャラクターの模様のついた下敷きなどは、子どもの集中力を奪います。シンプルな学用品選びは、発達障害の子どもだけでなく、すべての子どもに共通することです。

4 自己コントロールを促す

　小学校の中学年以上になったら、生活環境の整備に加えて自己コントロールの力も身につけさせましょう。学習に集中する自己コントロールの力です。

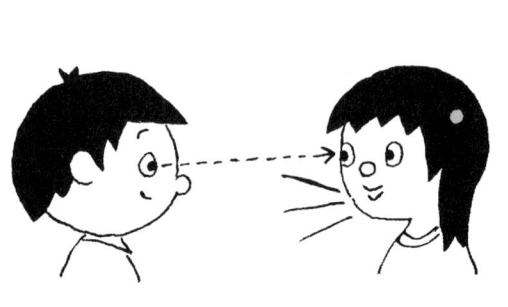

相手の顔をよく見て話を聞くこと

話を聞く時は、大切なことをメモしながら聞くこと

サポートポイント

★子どもの中には、もともと一つのことに集中することがむずかしい子どももいます。子どもが集中できるように、情報を必要最小限に整理して話をしましょう。

生活編 **10** 「朝の時間」に今日の予定を確認する

こまったエピソード

　高機能自閉症のAくんは5年生で、通常学級に通っています。休み時間には友だちと元気に遊び、通常学級にも適応して学習に取り組んでいるように見えます。担任の先生も「問題ない」と思っているようです。しかし、Aくんは本当は不安で一杯でした。
　その不安の一つが、つぎが何時間目で何の教科なのかがわからなくなることです。友だちは、休み時間が終わると「つぎは算数」とわかるらしく、さっと教科書やノートを用意していますが、Aくんはいつも頭の中でこんがらかっています。隣の席の友だちが用意している物を見ておなじ物を出します。友だちの様子を見なければ、つぎの教科がわからない不安の中で生活しているのです。

こんなサポート

　高機能自閉症の子どもは、知的な遅れが少ないので、自分なりの方法で、困ったことをクリアしています。
　重要なことは、＜何に困っているのか＞＜どうクリアしていくか＞を担任の先生が把握して、その子が安心して生活できるようにサポートをすることです。
　また、とてもまじめで決められたことに一生懸命取り組もうとします。それだけに予定外のことや、理由の説明のなく急に変更があると、受け入れられずに混乱します。
　ADHDの子どもの中には、見通しを持つことの苦手な子もいます。

1 朝の時間に学級全体で一日の予定を確認

　一日の予定がわかっているだけで安心するのです。時間割りなど、予定が変更になる時には、前もって子どもたちに伝えておくことが大切です。子どもにとって居心地のよい学級は、小さなことを確実に実施することによって実現します。

2 授業のはじめとおわりのあいさつ

　授業開始時には、あいさつをしましょう。何となくはじまる授業は、発達障害の子どもを混乱させます。
　授業の最後も、「終わった人から給食のしたく」のような流れ解散ではなく、きちんと最後のあいさつをします。
　はじめとおわりがはっきりしないと、休み時間と授業時間の気持ちの切り替えができません。

3 視覚イメージを使った時間割

　授業が終わったら、学習予定の表示（19ページ参照）を使い、「つぎの4時間目は、算数です」と4時間目のマグネットを動かして、全員にわかるように伝えます。

4 予定の変更はしっかり伝える

　時間割りの変更がある時は、変更する理由も明確に伝えます。変化に対応することが苦手な子どもも、納得できると受け入れられることも多いのです。
　変更箇所を明確に表示します。変更前の記述を消さないで2本線を引いて残します。こうすることによって、「変更前に体育だった4時間目が図工になった」ことが明確になります。

5 1カ月間の予定も事前に掲示する

　1カ月間の予定も事前に掲示します。「学年通信」ではなく、イラストなどを入れた大判のカレンダーの形にして、楽しくわかりやすいを掲示を工夫します。
　予定の変更がある時もこの予定表で、予告しておくと受け入れやすくなります。

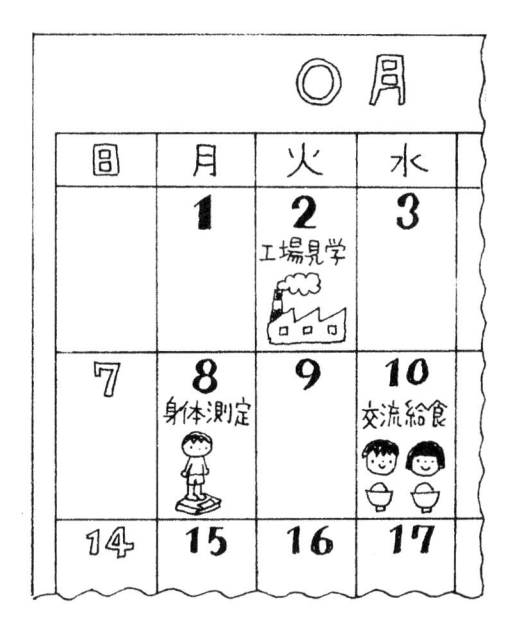

サポートポイント

★「朝の時間」に一日の予定を確認することは、学級の秩序維持の観点から、すべての学級で心がける重要なポイントです。

★どのくらい先までの予告が把握できるのかは、一人ひとり違います。見通しを持つことが苦手な子がいるばあいには、子どもの実態に合わせて示すことが大切です。

★通常学級に在籍する障害のある子は、自分なりのやり方で困難を乗り越えています。一見適応できているように見えるかもしれませんが、担任の先生は一人ひとりの行動をよく観察して、その子に必要な支援を工夫してください。

生活編 **11 メモをフル活用する**

こまったエピソード

　学校生活には、時間割表に書かれていること以外にもやらなければならないことがたくさんあります。5年生のSくんはいつもうっかり忘れてしまいます。今朝も「運動委員会」で体育館の窓を開けに行かなければならなかったのに忘れてしまいました。
　朝、教室に行ったら、飼っているコオロギが死んでいたので、みんなと飼育ケースを見ているうちに「運動委員会」の仕事をすっかり忘れてしまったのです。
　「運動委員会」の友だちに文句を言われて、気持ちが落ち込んでいたせいか、こんどは1時間目の授業で家庭科室に行く時に、教材費を持っていくのを忘れてしまいました。家庭科の先生に注意されてしまい、とぼとぼと教室に取りに戻りました。

こんなサポート

　ADHDの子どもの中には、やらなければならないことをすぐ忘れてしまう子がいます。つぎからつぎへと興味のあるものが目に入ってくるので、今やらなければならないことが、頭の中から飛んでいってしまいます。そのことで先生や家族からもたくさん叱られています。
　失敗を叱られ続けてきた子どもは、友だちにも迷惑をかけて面目ない思いをするたびに、「今度からは、気をつけよう」と思うのですが、またおなじ結果になってしまうのです。そのたびに「ぼくは、どうしてこうなんだろう」と、自己肯定感が低くなっていってしまいます。

1 子ども自身が問題を解決していく

担任の先生は、「どうすれば忘れなくなるか、明日いっしょに工夫を考えよう。Sくんも考えてきて」と、宿題を出しました。先生にもアイデアはありましたが、Sくんに自分で考え出してほしいと思ったのです。

障害のある子どものサポートは、小学校低学年くらいまでは、親や担任の先生などの大人が中心におこないますが、小学校中・高学年になったら、子ども自身にも考えさせます。

2 メモを活用する

翌日、担任の先生とSくんは忘れないための具体的な方法を話し合いました。その結果Sくんは、以前家でお母さんとの約束に使ったことがあるメモを活用することを申し出ました。

それを受けた先生は、メモ用紙にチェック欄を設けることを提案して、右のようなメモリストが完成しました。

メモは、毎日家に持ち帰りますが、翌日学校に持って来て在校時間にやることの確認にも使うことにしました。

メモは、A5版のバインダーに挟んで机の横にかけておくことにしました。

3 ふせん紙を活用する

Sくんのメモは、はじめのうちは、忘れてはいけないことを全部書いていたので、かえって見にくくなり、よく見ないで忘れてしまうこともありましたが、次第に書いておいた方がよいことが選択できるようになりました。

中学生になってからメモリストを卒業し、ふせん紙を活用して自分の欠点を克服しています。

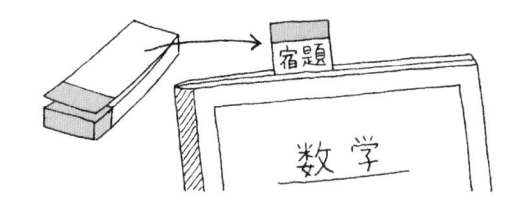

サポートポイント

★子どもが考えつく工夫は、これまで大人にしてもらったサポートがモデルになっていますから、小さいうちからの大人の適切なサポートはとても大切です。

★発達段階に応じて適切なサポートを得られた子は、大人の助けを借りながら、自分でどうすればよいかを考え、よくなる自分がイメージできるようになります。よくなる自分がイメージできるようにサポートをしましょう。

★トラブル対応の方法を身につけ、よくなる自分がイメージできてはじめて、自分の苦手なことを自己受容することができます。このことが、障害の自己理解・自己受容の基礎になります。障害の自己理解は決して障害名だけを告知することではありません。

生活編

12 教室を飛び出した後の行き場を決めておく

こまったエピソード

　3年生のSさんは、高機能自閉症です。その日、算数の学習を順調に進めていましたが、ふと、ノートに書いた文字を消そうとした時に自分の筆箱に消しゴムが入っていないことに気づき、何気なく黙って隣の席のMくんの消しゴムに手を伸ばしました。「貸して」という気持ちからでした。人の物と自分の物の区別のつきにくいSさんの行動特性です。

　ところが、タイミングが悪く、Mくんも消しゴムを使おうと思った矢先だったのです。Mくんは、いつになく強い口調で「やめろよ！」と言いました。Sさんは、いつもはだまって使わせてくれるMくんの予想外の反応にびっくりしました。拒否されたと思ったとたんに頭の中がまっ白になって、気がついたら教室を飛び出していたのです。

　Sさんは、とにかく教室から離れたいと走りました。だれもいない図書室に入り、書架の間に身を隠し、ほっと一息つきました。

こんなサポート

　通常学級は40人近くの子どもたちが生活する場で、思わぬところで刺激やトラブルが発生してパニックになり、いきなり教室を飛び出したりする子どももいます。これらの行動は、その場の状況に適応できない子どもの回避行動です。子どもは、恐怖感を持っていますから、子どもの心理状態を理解した上で、安心感を持たせる対応をすることが大切です。

1 他者の気持ちや行動の理解が苦手

　高機能自閉症の子どもの中には、他者の気持ちや行動の理解が苦手な子どもがいます。いつもと違った反応に出会うとそのことを受け入れられずに、暴力的な行動に出たり、逃げ出したりします。
　教室を飛び出したSさんの心は、いつもと違うMくんの様子に「なんで？」の疑問と「嫌われちゃった」という悲しみと「先生に見つからないように」の気持ちで一杯になっているのです。

2 端的に意思を伝える

　子どもの興奮が収まってきたら、その時の気持ちや状況を十分時間をかけて聞きます。子ども自身が整理できるように相づちを打ちながら耳を傾けましょう。発達障害の子どもは、長い話も理解しにくいのです。簡潔に「Sさんは、貸してと言ってから使います」と言うと、すーっと理解ができます。
　一方、Mくんにも「ちょっと待って、ぼくも使うから」と、きちんと言うことでSさんも理解ができたことを話します。

3 「そっと」サポートする

　子どもをむやみに叱ったり、追いかけたりするとさらにパニックを引き起こしてしまいます。
　子どもの行動の背景に、その場にいたたまれない気持ちになっていることを理解しましょう。
　落ち着いたころを見計らって、迎えにいきます。子どもに安心感を与える対応をすることが重要です。

4 学校内に連携体制をつくる

　教室から出てしまって、行方がわからなくなるという状況は、大変危険です。子どもの安全確保を最優先に考える必要があります。
　Sさんを見かけたら、養護の先生か副校長に連絡するなどの学校の連携体制をつくります。そして保護者などにもこの体制を伝えます。

5 待ち合わせ場所を決める

　教室を出たくなった時の行き場をあらかじめ子どもと決めておきます。

　「居場所を決めよう。必ず迎えに行ってあげるから」という担任の先生の提案にＳさんは「図書室」と答えました。これで、Ｓさんの安全は基本的に確保できます。

　担任の先生が迎えに行けない時は、養護の先生の迎えでも教室に戻って来られるようになりました。

サポートポイント

★子どもが教室を飛び出した時に闇雲に追いかけると、子どもは恐怖感を持ちます。「とにかく逃げなくちゃ」と思い、校外に出てしまうこともあります。また、大人に追いかけてもらいたくてわざと逃げる子もいます。対応のまずさが危険を増大させてしまうのです。

★パニックが収まったら、子ども自身がその時の気持ちや状況を確認できるようにフォローします。

★「○○してはいけません」と先生の側から話すよりも「Ｓさんは○○します」と、子ども自身の立場から端的に言う方が効果的なばあいがあります。

★子どもが安心して学校生活を送れるような工夫を家庭と協力して整備していくことが重要です。Ｓさんの担任の先生は保護者と相談し、消しゴムをすぐになくしてしまうＳさんのために大きめの消しゴムに凧糸をつけ、机に結びつけるアイデアを考えました。

生活編 **13** クールダウンできる場所をつくる

こまったエピソード

　算数のテストがはじまって15分ほど経った頃、Aくんが「ウーン、ウーン」と声を上げはじめました。ピンチに陥った状態を感じ取った担任のN先生は、さりげなくAくんのそばに行き、「大丈夫、大丈夫」と軽く背中をさすりました。どうやら、苦手な文章問題にさしかかったようです。これで落ち着くこともあるのですが、この日はだんだんと不安感が高まっていきました。Aくんは、頭髪をかきむしりはじめました。

こんなサポート

　このまま席に座らせているのは無理だと判断したN先生は、「一人になって落ち着こう」と言って、Aくんお気に入りの先生の事務机の下にAくんをもぐらせました。そして、「大丈夫、大丈夫」と背中をさすりました。
　これで山を越えたことを感じ取った子どもたちの間に、ほっとした空気が漂います。
　学級の中に穏やかな空気が漂っている様子は、不思議なもので、机の下に潜っているAくんにも伝わるようです。頭を抱えていたAくんの顔が、だんだん上がってきました。
　あとは、チャイムをきっかけに机の下から出てこられるはずです。N先生は、他の子どもからの刺激を避けるためにテストの提出場所をいつもの事務机から、教室後ろのロッカーの上に変更し、2時間目の授業は無事終わりました。

1 子どもたちの理解

授業が終わると同時に、いつも校庭でいっしょに遊んでいるＳくんたちが先生の事務机の下から出かかっていたＡくんを誘いに来ました。まさにあうんの呼吸です。

2 子どものための居場所づくり

パニックになった時には、クールダウンできる居場所が必要です。

子どもによっては、教室の外に出ないとクールダウンできない子もいますが、先生や友だちに対する信頼関係が持てるようになると、教室が安心できる場所になります。教室の中であっても一人になれる場所を決めることで、教室の外に出なくても済むようになります。

一方的に約束事を決めるのではなく、子どもとの信頼関係を築きながら、一歩一歩改善を重ねます。

◆居場所のつくり方

ステップ１	学校の外には出ない
ステップ２	校舎の外には出ない
ステップ３	待ち合わせ場所を決める
ステップ４	教室のある階にいる
ステップ５	教室の前の廊下にいる
ステップ６	教室内にいる

3 承認のメッセージを送る

Ａくんが、教室を飛び出すたびにＮ先生は、「黙って出ると心配だから、出る前に合図して」とＡくんと約束するようにしました。

この約束は、教室を出ることを承認したメッセージになります。Ａくんに安心を与えた上で、居場所を決めていきました。

それとは反対に、禁止と叱責を繰り返す担任の対応を見ている子どもたちは、その子を「悪い子」と評価し、自分たちも先生とおなじようにかかわるようになります。

4 子どもたちが積極的にかかわりを持つ

　Aくんははじめから、先生の机の下をクールダウンの場所にできていたわけではありません。新学期のはじめの頃は、パニックになると教室を飛び出し、一刻も早く追手から逃れるかのようにすごいスピードで走っていったものです。

　その後、Aくんは掃除用具のロッカーに避難場所を求めるようになりました。不安になるたびにAくんは、ほうきやチリトリを全部出してロッカーにこもっていました。これを見たSくんたちが、「Aくん、そこは暗くてくさいからこっちにした方がいいよ」と代替場所として先生の事務机の下を勧めてくれたのです。

　いっしょに生活を送る中で、担任の先生の対応とAくんの行動の変化を見てきた子どもたちが、自分たちも積極的にかかわりはじめた出来事でした。

サポートポイント

★子どもは教室にいられない気持ちになるから逃避するのです。教室の中に安心できる場所を確保することが問題行動解決のポイントです。

★教卓の下が安心できる場所になると、ここで本を読みはじめる子もいます。

★子どもが学級に適応できなくなった時の担任のかかわり方は、学級の子どもたちのモデルになります。よいかかわりのモデルを見ながら学級生活を送る子どもたちはやがて自発的な支援ができるように育っていきます。

生活編

14 学習に集中できる場所をつくる

こまったエピソード

　ADHDの障害のあるHくんは小学校中学年までは、授業中でも外からの刺激に反応して教室を飛び出していました。対応を迫られた学校は、Hくんの安全確保を第一に考えてHくんの成長につながる対応を模索していました。そして追いかけたり、叱ったりしない、障害特性に応じて、学びやすく、生活しやすい学級環境づくりをしてきました。

　6年生になって間もないある日の算数のテストの時、Hくんは窓の外に景色が気になり、落ち着きがなくなってきました。Hくんは「先生、前に行ってもいい？」と聞きます。一番前の席のHくんがこれ以上前に？と担任の先生がいぶかしく思っているうちに、もうHくんは机をズズズーっと掲示板の所まで移動させました。Hくんの成長を示すエピソードです。

こんなサポート

　Hくんの行動は、自分で集中できる学習環境をつくろうとしはじめたことの表れです。
　これまで重ねてきた先生方のサポートがHくんのセルフ・サポートのモデルになっていたのです。

1 特別扱いをしない

　Hくんに、机の移動を認めると、「ぼくも動いていい？」と言い出す子どもが必ず出てきます。こんな時には、迷わず「どうぞ」と言います。言い出す子どもはせいぜい3、4人です。いったん認めておいて、「自分の席で集中できる子は戻ってくれるとうれしいな」と言うと、ほとんどの子が戻ります。
　Hくんだけを特別扱いにすると、「ずるい、Hくんばっかり」と不公平感が生まれ、学級の秩序が崩れます。反対に、発達障害の子だけを特別扱いするわけにいかないという理由で、適切な特別支援を実施できなくては本末転倒です。このような画一的な平等感は、教室を窮屈にさせます。

2 学級内で成長し合う

　自分の位置に戻った子どもたちには、そのことをほめてあげましょう。
　その上で、Hくんも自分なりに努力していることやHくんの日常の姿を通してその成長や変化を振り返ることで、学級内で子どもたちが互いの成長を認め、喜び合うことが重要です。

3 机の工夫で学習環境を整備

　前方と両サイドを囲った学校用の学習机があります。発達障害の子どもが、学習に集中できるような環境整備に効果があります。導入する際は、保護者の同意を得た上で、学級の子どもたちにも説明します。

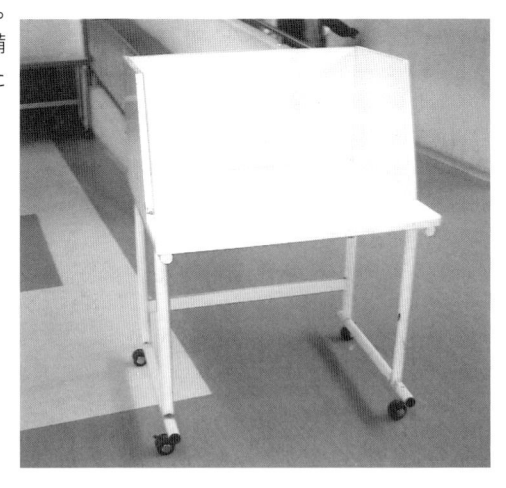

4 多動の衝動を緩和する

　教師による説明が主体で、子どもは座って聞いているだけの授業から、調べる、話し合う、発表するなど多様な学習活動を工夫することが重要です。

　多様な学習活動は子どもたちの知的興味をかき立て、主体的に学ぶ契機になりますが、多動性のある子どもにとっても多動衝動を緩和する効果を持ちます。

　座席に座った授業の時は、資料プリントを配るとか教壇で資料を提示するお手伝いを頼むなどの役割を与え、多動衝動を緩和する工夫をします。

サポートポイント

★子どもたちから「ずるい」「えこひいき」などの不公平感が出て、「ぼくも」と主張する時は、その要求を認めた上で、特別支援を必要する子どもは、みんなとおなじようになりたいと願って努力していることを説明します。

★すべての子どもたちが、主体的に授業に参加することによって授業の主役が子どもに移ります。

生活編

15 話は小道具を使って印象的に簡潔に

こまったエピソード

　４年生のＴさんは、月曜日の全校朝会の後、教室でおこなわれる朝の会が苦手です。
　「今朝の校長先生のお話は、どんなお話でしたか？」という担任の先生の質問に、Ｔさんはほとんど答えられません。みんなはつぎつぎに覚えていることを話し、先生はみんなが話したことをつなぎ合わせて、校長先生の話を再現しますが、Ｔさんは話についていくことができず、ちんぷんかんぷんです。
　Ｔさんは、「そうだ校長先生に聞きに行こう」と思い立ちました。
　そう思ったとたんもう座席を離れて廊下に出ていました。

こんなサポート

　校長先生はＴさんに気づくと「どうしたの？」と尋ねました。
　Ｔさんは、「朝礼のお話……」と言うのがやっとでしたが、校長先生は、このひと言でピンと来ました。
　担任の先生から「このごろとくにトラブルがないのに教室を出て行ってしまう」と聞いていたからです。校長先生は、朝礼でした話の内容を簡潔にＴさんに話したあと、教室まで送っていきました。

1 集団で話を聞くのは苦手

　障害のある子の多くは、一対一あるいは少人数の話では自分に向けられている話だと認識して聞くことができますが、全校集会のような大集団の中で話を聞き取ることが苦手です。

2 小道具を使って印象づける

　障害のある子どもにも理解できるように、具体物を示しながら話をします。
　Tさんの学校の校長先生も担任と相談し、朝会の話はできるだけ具体的な物を提示しながら話をすることにしました。また、朝会の話で使った小道具を校長室の前の廊下に置くようにしました。時には、それを担任の先生が教室に持って来て、校長先生の話を再現することもあります。校長室に返しに行く役は、Tさんが頼まれることもあります。

3 一つひとつの話題を端的に、簡潔に

　ADHDの子どもの多くは、じっとしていることが苦手ですし、高機能自閉症の子どもは、言語による情報を正確に聞き取ることが苦手です。話はできるだけ具体的に、簡潔にするように心がけましょう。
　いくつもの話題を含んだ話や、つぎつぎに話題が展開していく話は、子どもたちにとって理解するのはむずかしいものです。
　「遠足の話をします」というように大きなくくりで話をするのではなく、「遠足の集合時間の話です」「遠足の持ち物の話です」というように【小見出し】をつけて箇条書きで話します。子どもたちが理解しやすいように、箇条書きで話す工夫をしてください。

4 言い聞かせる時も、短く簡潔に

　「○○は○○します」「○○は○○しません」と短く、簡潔に指示します。

サポートポイント

★発達障害の子どもにかぎらず、生活経験の少ない子どもは、言葉から内容を具体的にイメージし理解する力が発達していません。
★具体的な物を示しながら話をする、箇条書きに話を簡潔にするなどの工夫で、子どもの理解力の不足をサポートします。
★簡潔に話をするということは、伝えたいことを精選する力、適切な表現力が必要で、教師が話す力を高めていくことにもつながります。

生活編

16 子どもの発言を言語化する

こまったエピソード

　5時間目の算数はIくんの大好きな「図形」の授業です。「図形」の授業は、黒板に図形を書いてくれるので、よくわかります。

　今日は、「三角形の面積の求め方」です。Iくんは、ヒントカードを使って自分の考え方を発表シートに書きました。

　いよいよ発表の時間。Iくんの発表シートも黒板に貼られました。友だちがつぎつぎに自分の考えを発表していきます。友だちの発表を聞いているうちに、Iくんの頭は全開で働きはじめました。

　（Aさんの考えとYくんの考えはおなじだ）

　（Kくんの考えは、ややこしい）

　Iくんは手を挙げましたが、なかなか指名してもらえません。そのうち我慢が限界に達しました。そうなると【手を挙げて⇒指名されてから発言するルール】は、いつの間にか頭の中から消えてしまい、ついに自分の考えを勝手に言いはじめました。W先生が自分を無視しているように思えて、声がだんだん大きくなっていきます。おまけにIくんの口から出る言葉は、「Aさんのはいらない」「Kくん意味フメー」という言葉足らずの発言でした。Iくんの意見が、授業と関係ないことのように聞こえていた先生は、とうとう怒りました。

　「Iくん静かにしなさい！」

　その瞬間、一方的に否定されたことで、Iくんの学習意欲はしぼみ、代わって不満が心の中に広がりました。椅子に浅く腰掛け、背もたれに背中を預け、足を投げ出した姿勢で座り、今度は本物のヤジを飛ばしはじめました。

こんなサポート

　障害の特性によっては、一つのことに集中することがむずかしい、じっとしていることがむずかしい、授業中に勝手な発言をする子どもがいます。学校の集団の中で生活する上ではどれもこまった行動です。しかし、これらの行動は叱って直るものではありません。
　大人が困ると感じる行動をしている時に、一番困っているのは子どもです。子どもの困っていることや状態を言語化してあげることが大切です。

1 発言ルールを確認する

　どの子どもの意見もていねいに取り上げるように心がけてください。
　ADHDの子どもは、【発言ルール】を無視して思いついたことを自分なりの表現で口走ることが多いです。
　【発言ルール】が完全に頭の中から消えてしまっているIくんには、挙手をするように促してから指名し、発言の機会を与えます。

2 無視は百害あって一理なし

　子どもが「先生に怒られた」と感じる方法で発言を制したり、子どもを無視して【発言ルール】の自覚を促そうとする対応は、百害あって一理なしです。

3 正しく言語化するサポートをする

　授業中の「授業に関係のない勝手な発言」と思われることもよく吟味すると、案外そうでないことが少なくありません。
　子どもは自分なりの考えで言葉を発しますから、言葉足らずであったり、教師が期待する答えでなかったりすることが多いでしょう。足りない言葉を補い、言いたいことを端的に言語化するサポートをします。この作業によって子どもたちの授業への参加意識が高まります。

4 発言カードをつくる

　発言を衝動的におこなう児童への対応として、発言してよい時には、指名する際、【発言カード】を手渡す方法が効果的なばあいもあります。

　【発言カード】は、厚紙でつくり、その子の好きな色の色画用紙を貼りつけてつくります。授業中に指名と同時に「はい、○○さん」と言って渡してあげ、発言の場をつくります。

5 言いたいことを引き出す

　相手にわかるように話すことの苦手な子どもは、自分の思いが先に立ち、言葉足らずの言い方になってしまいます。

　このような時は、「それはどういう意味？」と問い直し、言いたいことを引き出します。例えば、「先生、来てください」ということなら、それをくりかえして確認します。

サポートポイント

★発達障害の子どもは、言語表現が苦手ですが、彼らなりに一生懸命に学習課題に取り組んでいます。
★うまく言い表せない部分を教師がサポートすることで子どもたちの言語表現力は伸びていきます。
★人と物の区別がつきにくい子もいます。先生に来てほしいのに「先生ほしい」と言ったりします。

生活編

17 大きな音を予告して パニックを回避する

こまったエピソード

　3時間目は、社会科のテストです。みんながテストに取り組み、教室内はしんと静まりかえっています。すると、学校前の道路で工事がはじまり、「ダッダッダッ」という大きな音が聞こえてきました。高機能自閉症のKくんのもっとも嫌いな音です。Kくんにはこの音が、大きな怪物に襲いかかられるようで恐怖を感じてしまいます。

　それまで穏やかにテストに取り組んでいたKくんは、両手で耳をふさぎ机の上に突っ伏すようにしています。「やめて、来ないで！」と叫びますが、声になりません。恐ろしさのあまり、おでこや首筋に汗が噴き出しています。

こんなサポート

　担任の先生はすぐにKくんの異変に気づき、副校長先生に連絡をしました。副校長先生は、すぐに工事の責任者のところへ行き、少しの間工事を中断してもらうように頼み込みました。

　工事が中断して、Kくんは一息つきましたが、まだ胸のドキドキは収まりません。保健室に行き、養護の先生が用意してくれた冷たいタオルで顔を拭いてようやくほっとしました。保健室には音は聞こえてきませんし、養護の先生もそばにいるので、落ち着きを取り戻したKくんは保健室でテストの続きをすることにしました。

給食の時間になると、おなじ班のMさんとAくんが、「給食いっしょに食べよう。教室に戻れる？」と迎えに来てくれました。友だちの顔を見ているうちにKくんは、教室で給食が食べられそうな気持ちになりました。外の工事は続いていましたが、この日の給食の時間、班のみんながひょうきんな話題で盛り上げて、外の音が気にならないようにしてくれました。

高機能自閉症の子どもの中には、工事の音、赤ちゃんの泣き声、トイレの水音、ジェットタオルの音など、通常の子があまり気にならない生活音にも敏感に反応し、恐怖感を持ち、耐えられない子どもが少なからずいます。恐怖感を持つ子どもの気持ちを理解した上で、サポートします。

1 予告してパニックを回避

大きな音が予想される工事やサイレンを鳴らす避難訓練などの予定は子どもたちにも事前に知らせる必要があります。特記事項として書き込めるよう、職員室の黒板に記入欄を設けるとよいでしょう。週案簿にも記載し、できるだけ事前の対策をとります。

音が避けられない時には、「今日は正門前の道路で工事があるから、ダッダッダッという大きな音がするけど大丈夫」と伝えておきます。

あらかじめ伝えられていることでパニックにならずにすむこともあります。予告することで、かえって不安になることもありますが、耳栓をさせることで落ち着く子どももいます。その子どもに有効と思われるサポートを併用しましょう。

2 校外に出る時は

　校外の活動でも注意が必要です。子どもたちは、トンネルの中に入ると反響する音が珍しいために大きな声を出しますから、大きな音に弱い子がいるばあいには、担任以外の先生などがつき添い、他の子よりも先に通り抜けてしまうなどのサポートをします。踏み切りの遮断機の音、列車の通過音などにもサポートが必要です。

3 安心体験でパニックが軽減

　聴覚過敏の子どもでも、「大きな音がしても大丈夫だった」という安心体験を積み重ねれば、次第に過敏反応が軽減されていきます。小学校低学年の時には運動会のかけっこでピストルの音が怖くて走れなかったアスペルガー症候群の子どもが、6年生になった時「スターター補助係」を希望して先生のアシスタントで、ピストルの玉のつめ替えをしたケースもあります。

サポートポイント

★十分な連絡体制があっても、事前には察知しにくいトラブルがあります。失敗から学びながら、きめ細かく行き届いたサポート体制をつくっていきましょう。

★安心体験を積み重ねれば、次第に過敏反応は少なくなっていくこともあります。

生活編

18 感覚過敏を理解し安心感を与える

こまったエピソード

1）ごく限られた物しか食べられない「味覚過敏」――パンしか食べない、海苔とご飯しか食べないなど、食生活に困難を抱えています。

2）べとべとの物に触れない「触覚過敏」――のりや絵の具、粘土、油粘土、紙粘土が苦手な子どもがいます。このような子どもはフィンガーペンティング、土いじりを嫌がります。

3）特定の臭いが苦手な「嗅覚過敏」――嗅覚過敏の子の多くは、食べ物の臭いに過剰に反応します。たとえば、干ししいたけやにんにくの臭いが苦手の子どもがいます。中には揮発性の臭いが嫌いな子ども、逆に油性のフェルトペンなどの揮発性の臭いを極度に好む子がいます。シンナー臭を好む子どもには慎重な対応が必要です。

4）炎に恐怖心を持つ子ども――ガスやアルコールランプの炎に恐怖心をもち、扱えない子どもがいます。

5）特定の物の手触りを好む――お気に入りのタオルが手放せなかったり、気に入った服しか着ない子どももいます。

6）集団の圧迫感に過敏――集団の中に身を置くことを嫌がる子がいます。とりわけ、大勢が集まる全校朝会や集会が苦痛です。集団の中にいると圧迫感を感じるようで、いつの間にか列からはみ出しています。

7）感覚鈍麻――数は少ないのですが、逆に感覚鈍感な子どもがいます。たとえば、熱い物に触れても瞬間に手を引っ込めることができず、危険回避ができないケースがあります。大人による安全管理が必要です。保護者との連携の中でサポートの方法を見つける必要があります。

パンしか食べない子

紙粘土が苦手な子

シンナー臭を好む子

こんなサポート

　感覚過敏の子どもに対して、「苦手な食べ物も食べさせて慣れさせよう」「我慢することを教えよう」と、無理強いしても、何の成果も期待できません。かえって、学校や給食に恐怖心を持ってしまうだけです。

1 安心感優先のサポート

　味覚への過敏性が高いという特性の子どもには、いわゆる偏食とは異なる対応が求められます。その子が持つ過敏性を前提にサポートします。
　学校では、食べられる物だけ食べるとか、食べられる物が少ないばあいにはお弁当を持たせてもらうなど家庭との連携が必要になります。食べられなくて一番つらい思いをしているのは本人です。

2 いろいろな素材を試す

　小学校低学年では、のりを指でのばすことを経験させるために、びんやチューブ入りののりを使いますが、触覚過敏の子どもにはスティック状ののりを与えます。
　まれに油粘土はだめでも、紙粘土なら大丈夫な子もいます。いろいろな素材を試してみてください。

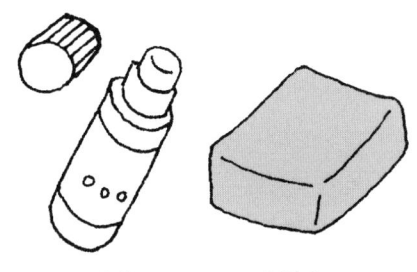

スティック状のり　　紙粘土

3 シンナー臭を好む子どもへの対応

　揮発性の臭いを極度に好む子には、十分な注意が必要です。シンナーの臭いとおなじですから、この嗜好に気づいたら、ただちにこの臭いは体に悪いことをきちんと言い聞かせます。

「フェルトペンのにおいは体に悪いです。嗅ぎません」

4 炎に恐怖心を持つ子どもへの対応

　家庭科室に一個口のIHヒーターがあると、炎に恐怖心を持つ子どもでも安心して調理実習に参加できます。

5 特定の物の手触りを好む子どもへの対応

　学校でのトラブルは少ないのですが、家庭ではとても困っています。毎日おなじトレーナーしか着ないので、夜のうちに洗って朝までに乾かすという苦労を話してくれたお母さんがいます。「大きくなるにしたがって大丈夫なことが増えていきますから、大丈夫ですよ」と、家庭での苦労を先生が理解しているだけでも、保護者には支えになります。

6 集団の圧迫感に過敏な子どもへの対応

　いつの間にか列からはみ出してしまう子どもを無理やり列に戻そうとすると、逃げ回ったりします。反対に対応しないでいると、逸脱の場所がどんどん広がって、ブランコに乗ってしまったりします。教師の無理強いや無関心は、子どもの逸脱行動を助長させてしまいます。
　集団の中に身を置くことに圧迫感を感じる子どもには、集団から適度に距離をおいた適切な居場所を決め、本人と確認しておきます。集団からどのくらい離れれば落ち着くのかは、子どもの反応を見ながら決めるとよいです。その場所が決まったら、子どもを一人にしないで、手の空いている大人がつき添います。

7 感覚の鈍感な子どもへの対応

　感覚過敏と反対で、感覚の鈍感な子どももいます。
　感じにくいために自分で避けることをしないので危険を伴うことが少なくありません。熱さや痛みを感じにくい子には、より一層の安全管理が必要です。
　またストレスや苦痛から逃避するために自分の体を噛んだり壁に頭を打ち付けたりと自傷行為の見られる子どももいます。このような行為がはじまったら背中をそっとトントンして落ち着かせたりタオルなどを当てがって危険を回避してあげましょう。

サポートポイント

★感覚過敏は、周囲の環境への適応障害と考えられます。単なる「わがまま」ではなく本人は恐怖心すら持っていますから、むりに慣れさせようとすることは逆効果です。
　安心できる環境の中で生活や学習の場面で成功感を体験することで、過敏性が緩和されている症例はたくさんあります。

生活編

19 場にふさわしい言動を パターン化して教える

こまったエピソード

　社会科の授業参観日、教室の後ろには、お父さんやお母さんがずらりと並んでいます。4年生のYくんのお母さんも来ています。Yくんはうれしくて、お母さんに活躍している自分を見せようと張り切っていました。

　授業が進み、先生が黒板に貼った地図を示しながら「気がついたことはありますか？」と質問しました。Yくんは、「待ってました」とばかりに勢いよく手を挙げて「先生、靴下破けているよ」と言いました。教室にいるみんなは、どっと笑いましたが、Yくんはなぜ自分が笑われたのかがわかりません。

　するとT先生は、「先生の質問の仕方が悪かったです。ごめんなさい」と言って、「黒板の地図を見て気がついたことはありますか？」と、質問をし直しました。

　Yくんは、「間違えたのは先生なのに、なぜ、みんなはぼくのことを笑ったのか」と、不満でした。お母さんは恥ずかしそうに下を向いていました。それを見たYくんは、ますます情けない気持ちになりました。

こんなサポート

　高機能自閉症の子どもの多くが人の気持ちを推し量ったり、場にふさわしい言動をとることが苦手です。思ったことをそのまま口にしてしまいます。
　じつはYくんは、先生のストッキングが伝線していることに授業のはじめに気がついていましたが、授業中なので言うのを我慢していました。
　ところが先生が、「気がついたことはありますか？」と言ったので、発言してもよいと思ったのです。先生が言葉を省略せずに質問していたら、Aくんの発言は防げたと思います。

1 質問をし直す

　Yくんの発言の後、先生は子どもたちや保護者とおなじように笑ったりしないで、自身の質問の仕方が悪かったと気づき、Aくんに「ごめんなさい」と語りかけ、質問をし直したのは、さすがです。
　これでYくんは救われた気持ちになったと思います。

2 「授業と関係のない発言はしません」

　その上で、「授業と関係のない発言はしません」とつけ加えることが重要です。
　その場にふさわしい言動をとることが苦手な高機能自閉症の特性は簡単には直りませんが、言ってもよい場といけない場、言ってよいこといけないことがあることを、発言の都度教えます。適切な指導で、場にそぐわない発言は次第に矯正されていきます。

3 学級の約束事にする

　授業参観の後、先生はY君のお母さんに残ってもらい、「授業中には学習に関係のない話はしない」という決まりをつくり、子どもたちにも伝えることを話しました。

4 「体のことは言いません」の決まり

　Yくんは教室にいられなくなると、校長室に行き、クールダウンすることがあります。

　授業参観の3日後でしたが、校長先生を間近に見ていて、二重あごになっていることに気づきました。

　不思議に思ったYくんは、「校長先生はどうしてあごが2つあるの？」と聞きました。校長先生は、「体のことは言いません」と穏やかにはっきりと言いました。新しくつくられた「体のことは言いません」という決まりも理解させることが重要です。

5 決まりを家庭と学校で共有する

　その週の土曜日、Yくんはお母さんと電車に乗りました。前の座席に座っている男性の頭髪に目が行ったYくんは、「お母さん、あの人カツラだよ」とまわりに聞こえる声で言いました。ところが、お母さんは少しもあわてず「体のことは言いません」とYくんの言葉を制しました。

サポートポイント

- ★場に即した内容や相手の気持ちを考えることの苦手な子に、言ってはいけない理由まで事細かに教え諭すと、子どもは口を開かなくなってしまいます。子どもが理解できる範囲で必要なことだけにかぎり、簡潔に教えます。
- ★発達障害の子どもの場にそぐわない発言は、時にほほえましく雰囲気を和ませることがありますが、放置すると、笑われやすい子にしてしまいます。
「人のいやがること」という捉えにくい言葉で静止するよりは、具体的に「授業と関係のない発言はしません」「体のことは言いません」と伝えることがよいでしょう。このような支援は発達障害のある子どもが社会に適応していく力につながります。
- ★「氷が解けると何になりますか？」という質問には、「水」だけが正解ではありません。たとえば、「春」と答える子どもがいます。大半の子は、話の前後のつながりから、質問が求めている答えを感じ取りますが、相手が求めている内容に気づくのが苦手な子もいるのです。このような困難さを持った子どもにも、わかりやすい発問を心がけることによって、教師の発問力が上達します。

学習編

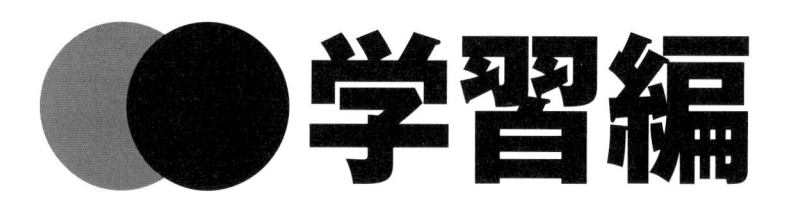

学習編では、読み書き、計算、手先の動かし方、体の動かし方など
学習場面に応じたサポートや家庭と学校の連携のとり方のポイントを
イラストと実際例で紹介しています。
適切なサポートで、子どもたちはより意欲的に学習に取り組みます。

学習編

20 学習の流れをパターン化する

こまったエピソード

　休み時間が終わり、Bくんも友だちといっしょに教室に戻ってきました。しばらくの時間、休み時間気分が抜けないままBくんは、ぼんやり下敷きをいじっていました。
　そこに「Bくん読んでください」と先生の声が届きました。
　どうやら知らない間に授業が始まっていたようです。周囲の友達の笑い声の中でBくんはますます焦ってしまいます。こうなるともう授業どころではありません。Bくんは、教室を飛び出したくなります。
　発達障害の子どもたちの多くは、話の流れの中で場面が切り替わることやあうんの呼吸を読むことが苦手です。授業の開始と終わりもあいさつにより ON・OFF の気持ちの切り替えができるのです。
　また、やらなければならないことが示されていると、安心して取り組むことができます。したがって、各授業で単元名やめあてを黒板に明記するなど、学習の流れをパターン化することが子どもたちへのサポートにつながります。

こんなサポート

　授業開始のあいさつ、終わりのあいさつは学習に臨むにあたっての基本行動です。高機能自閉症や ADHD の障害のある子どもへのサポートになるだけでなく、これがメリハリになって学校生活全体に秩序と活気を生み出します。

1 授業開始のあいさつ

　授業の開始時には、日直の子どものリードによって、姿勢を正して先生の目を見て「これから○時間目、○○の勉強をはじめます」のあいさつをします。

　休み時間が終わり教室に戻ってきた子どもたちは、全員が揃うまでの間、思い思いにおしゃべりをしています。

　教師もその流れに乗ってそのまま授業に入ってしまうことがあります。すると、どこまでがおしゃべりで、どこからが授業なのかがわからなくなってしまう子どもがいます。この子どもにとって、授業開始のあいさつが区切りとなって、休み時間から授業への気持ちの切り替えができるのです。

2 「今日の目当て」をはっきり示す

　授業開始のあいさつが終わったら、単元名を黒板に書き、学習のめあてを明確に示します。学習のめあてをはっきり知ることが、子どもたちが授業の主人公になるための重要なポイントです。

3 授業の流れを子どもが理解している

　学習の流れを書き出して掲示します。その流れのどこを今学習しているのか、マグネットで示していきます。授業の流れを子どもが理解して授業が進められているという学習環境を設定することがポイントです。

4 授業は、3分早く終わる

「授業が終わったら、机の上を片づけ、トイレに行って、廊下は走らないようにして、校庭に出て遊ぶ」。この決まりを子どもたちが守れるように、そのために必要な時間を保障することが必要です。

ADHDの子どもは、活動的です。授業が終わるとすぐに、教科書やノート、鉛筆、消しゴムをいっしょくたにして道具箱にしまい込み、遊びたさ一心で全力疾走で廊下を駆けていきます。

周囲に注意を向けて行動する、整理整頓をきちんとおこなうなどの生活習慣を教えた上で、それを実行する時間の保障として、授業を3分早く終わります。望ましい生活習慣を確立するための時間を確保することは、すべての子どもの社会性を育むサポートになります。

5 授業終了のあいさつをする

全員が一斉に終わらず、「終わった人から休み時間にしてください」ということがあります。このような流れ解散では、つぎの授業への気持ちの切り替えができません。

必ず、全員で終了のあいさつをして、授業の区切りをつけます。

午前の最後の授業は給食が控えていますから、終了のあいさつをした後、給食当番や配膳の注意事項を確認することが大切です。

サポートポイント

★日直の子どものあいさつに合わせて、先生が黒板に表示してある「今日の時間割り」の○時間目を指し示すと授業が開始したことがいっそう明確になります。
★コーディネーターの先生を中心に、授業開始・終了のあいさつの定着に学校全体で取り組みましょう。

学習編

21 授業中も立ち歩ける場面を設定する

こまったエピソード

　Sくんは、はじめは先生の話を聞き授業に取り組んでいましたが、そのうち何がなんだかわからなくなりました。言葉だけの説明を聞き取ることが苦手なのです。
　先生の話が長くなると息苦しくなって、はさみやのりなど近くにある物をいじりたくなります。体を動かすと落ち着いてくるので、椅子を後ろの方に傾けたりします。
　すると後ろの席のM子さんが、「やめてよ」と椅子を押し返してきます。これに先生が気づき、Sくんはまた叱られてしまいました。
　こうなるとS君はますます息苦しくなり、頭の中も霞がかかったようにぼんやりしてきます。

こんなサポート

　「ADHD＝注意欠陥多動性障害」はその名称が示すように多動が障害特性のひとつです。叱って治るものではありません。
　視覚的な教材を用意したり、体験的な活動を取り入れたりして子どもが学習に集中できるように工夫することはもちろんですが授業中に動ける場面を作ってあげることも大切です。

1 配り係を依頼する

多動の衝動が募っているサインが表われはじめたら、ワークシートの配付や、教材を準備する手伝いを頼むなどして衝動を緩和するサポートをします。

2 道具箱をもう一つ提供する

ADHDの子どもの多くは、整理整頓が苦手です。道具箱の中は知らない間にぐちゃぐちゃになってしまいます。

そこでもう一つ道具箱を用意し、使用頻度の低い学用品を入れて後ろのロッカーの中に入れておくサポートが有効です。

授業中であっても学用品を持ってくるために席を離れる理由が見つかります。

3 待ち合わせ場所を決める

外からの刺激に対して自分をコントロールする力が弱い子どもは、授業中に教室を出て行ってしまうこともあります。このような時に罰を加えたり追いかけたりすると、子どもは恐怖感を持ち、廊下を全速力で走ったり校外に出たりします。

教室を出る時には先生に合図を送ることや、待ち合わせ場所を決めるなど事前のサポートをします。迎えに行った時は、教室を出たことを叱るよりも約束通り待ち合わせ場所にいたことをほめます。

「ここにいてくれてありがとう。うれしいわ」

サポートポイント

★ ADHDは、障害特性がその行動面にありますので、この障害のある子は先生の目には「困った子」として映りがちで、叱られ体験をたくさんつんでしまいます。そのために自己肯定感が低くなりやる気がなくなったり、攻撃性が高まったりします。

★ 叱ることよりマイナスの行動特性が起きないように工夫したり、マイナスの行動特性を緩和してあげるサポートが必要です。

学習編

22 定規の使用法は色で示す

こまったエピソード

　子どもの中には、似通ったものの見分けが困難な子や、細かい部分を見落としがちな子もいます。通常の子どもが難なく見分けられる直角三角形と直角二等辺三角形の2種類の三角定規が見分けられない子どももいます。

こんなサポート

　2種類の三角定規を見分けられない子どもには、色フィルムを貼って色で見分けやすくする方法があります。また、それぞれの辺を色分けして提示する方法もあります。

1 線を引く辺と長さを測る辺

ものさしには、線を引く機能と長さを測る機能がありますが、発達障害の子どもには、その使い分けが容易にはできません。目盛りがない辺にフェルトペンで色をつけて、「これが線を引く辺」と教えます。

線を引く辺

2 定規を置く位置を教える

定規の使い方を示したイラストを子どもたちが定規の使いかたをマスターするまで教室に掲示しておくとよいでしょう。最初にきちんと指導することが重要です。長さを測る時には、必ず測る対象物の端にものさしの0を合わせることを教えます。

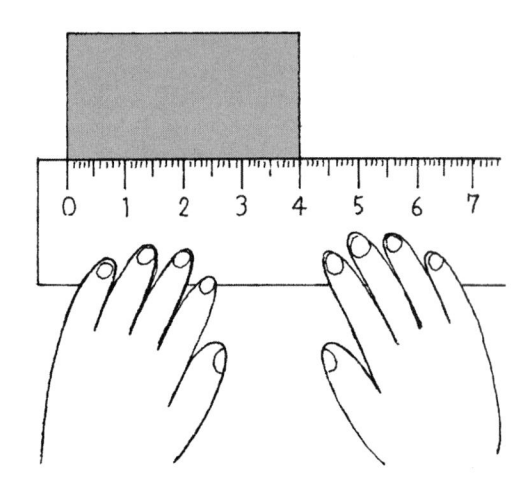

3 角・辺を色分けする

直角を作図する時、直角にフェルトペンで印をつけておくとよいでしょう。

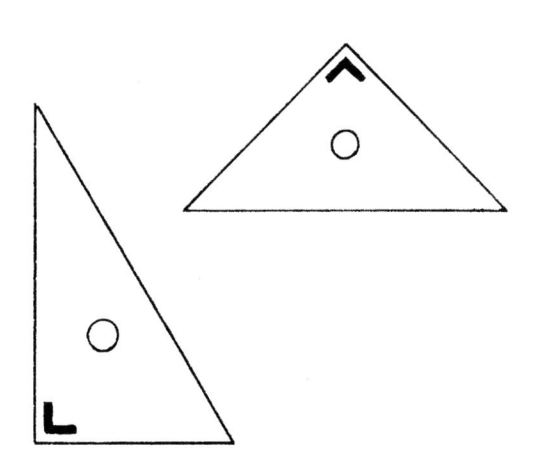

4 学習の手順をイラストで示す

作図は、手順を図解して掲示すると効果的です。

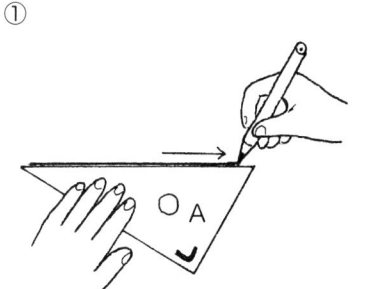

① ② ③

①直線を引く
　※三角定規Ａは動かさない

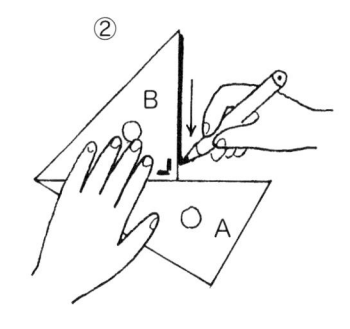

②三角定規Ｂの直角を当て垂線を引く

③直角がかけました

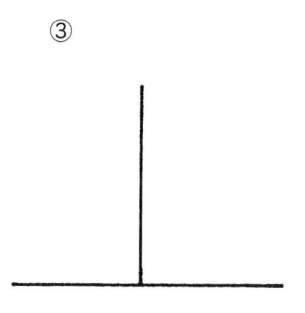

5 手づくりものさしをつくる

　目もりが1ミリ単位の市販のものさしでは使いこなせない子どもには、学習内容に応じて1センチ刻みや10センチ刻みものさしを手づくりしてあげましょう。工作用紙をラミネート加工するとよいでしょう。

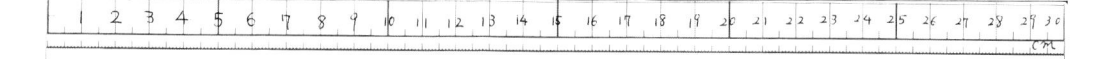

サポートポイント

★発達障害の子どもは、情報がありすぎると、どれを選択してよいかわからず混乱してしまいます。色分けによって、情報を整理すると学びやすくなります。

★先生もおなじ色の物を使うと、なお一層効果的です。

★実物や模型などの視覚に訴えた学用品を使って説明する時には、背景の色にも配慮をしましょう。黒板や先生の衣服の色と同系色の学用品だと形を識別しにくいこともあります。

学習編

23 時間は視覚化する

こまったエピソード

　計画的に生活するためには、活動にかかる時間の見当をつけられることが大切です。デジタル時計は時刻の表示はしますが、時間という時の経過がわかりません。アナログ時計は短い針、長い針の動きで時間が経過したことを実感できます。身近にアナログ時計を置いて、行動と時間の経過との関係を教え、子どもの時間の感覚を育てます。

（黒板）
五月二十三日（水）
読書タイムは
八時四十五分まで
です

こんなサポート

　時間という見えないものを認識させるために、アナログ時計に工夫を加えて、【時間が見える】ようにサポートします。

1 アナログ時計の模型

　計算問題の開始が9時50分、終わりの時刻が10時5分なら、教室のアナログ時計の下に10時5分に時刻を合わせた模型の時計を置きます。
　本物の時計と模型の時計の長い針の差が、計算問題に取り組む時間ということが視覚的にわかります。

2 終了時刻を3分前に知らせる

　作業的な活動をしている時など、夢中になって取り組んでいるうちに時間を忘れてしまうことがよくあります。終了の時刻を示した模型の時計を置き、終了時刻3分前に音楽やチャイムを流して、あと3分で終わることを予告します。子どもたちはこれによって終わりに向けての行動を開始することができます。

3 砂時計で時間を表示

　砂時計で時間が視覚化できます。時間の経過が砂の量で具体的に確認できるのです。操作が簡単なので、子ども同士でも時間を管理することができます。ストップウォッチでの時間管理よりも、砂時計の持つアバウトさが子どもたちの中に余裕を生み出します。

サポートポイント

★低学年のうちは、時間の感覚が身についていないために時間内に活動が終わらないことが多いのですが、目に見えない時間を見えるように工夫して、子どもに時間を意識させましょう。

★小学校中学年になるまでには、「朝起きて、家を出るまで何分くらいかかる？」など、自分の行動と時間の関係の感覚を育てます。

学習編

24 教材は拡大表示する

こまったエピソード

　言葉の説明だけで授業をしていませんか。このようなスタイルの授業は発達障害の子どもがもっとも苦手としています。低学年の子どもにとってもついていくのがむずかしい授業です。言語という抽象度の高い情報だけでなく、視覚に訴える情報を上手に使ってください。
　「○○ページを開いてください」と言葉で指示するだけでなく、開いたページを子どもに見せることで子どもたちは、先生の指示を受け止めやすくなります。
　教科書をページごとに拡大コピーするなどの工夫で、指示を聞きとれなかった子どもも授業の進行についていきやすいです。

こんなサポート

　授業冒頭の先生の指示が理解しにくい子どもは、隣の子どもが開いているページの挿絵や見出しの大きな文字を手がかりにページを開いています。

1 具体的・視覚的に指示する

　教科書の拡大コピーや実物投影機などで示せば、指示を視覚でも確認できます。拡大掲示が用意できない時には、口頭で指示したページを黒板に書くだけでも効果があります。
　友だちのを見なければ必要な情報が入手できないか、先生からの情報で自分で判断できるかでは大きな違いがあります。

2 副教材の使い方を図解する

　「さんすうノート」を使う際の＜必要なページを開く＞＜名前を書く＞＜問題文を読む＞＜回答する＞という学習活動も、小学校1年生にとってははじめてのことだらけです。使いはじめの時期に、ページを拡大して掲示し、書くページの内容・使い方を説明します。これでそれ以後の学習がずっとやりやすくなります。

　右のイラストは、1年生の「さんすうノート」の見本です。たとえば、これを使う場合は、
(1) 名前の欄を確認して、名前を書きます。自分を大切にする気持ちを意識化する意味でも、名前はていねいに書くよう教えます。
(2) ★が問題文であることを説明します。
(3) 答えの書き方の見本を示します。

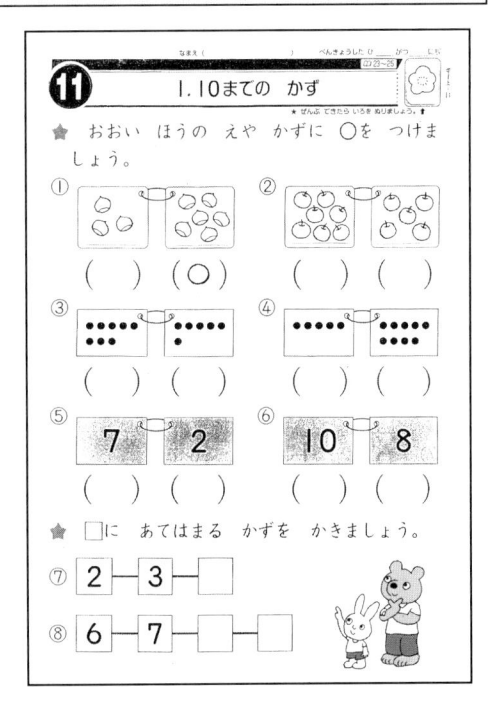

サポートポイント

★先生の指示を自分の力で聞き取り学習を進められる学習環境は、子どもの主体的な学び方を身につけることにつながります。

★言語だけで先生の指示を聞き取ることが苦手な子どもには、視覚に訴える掲示物が有効です。

学習編

25 校外活動の事前指導に映像を取り入れる

こんなサポート

　郊外活動は子どもたちの自発的な行動能力を育てるよい機会です。サポート体制を整備し、機会をとらえて主体的に郊外活動を体験させましょう。

　遠足、現地見学など校外での活動を子どもたちは楽しみにしています。しかし、校外活動は迷子や事故など数え上げればきりがないほど危険があります。校外活動中の危機管理は引率の先生の役割が大きいのですが、活動を通して子ども自身が自分の安全を守れるようになるサポートをおこないます。

1 現地の映像を使って事前指導

　はじめての場所に対する適応力が弱い子には、あらかじめ目的地の写真を示して事前指導の時に情報を提供します。

　行く場所が事前にイメージできているだけで、安心感に違いが出ます。とりわけ集合場所やトイレの写真は不可欠です。

2 引率者は目立つ色の服装を

校外活動では引率の先生は、目立つ色の服装をしましょう。引率の先生がいつでも確認できることで子どもは安心します。遠足で新緑の公園へ行く時に緑色のジャンバーでは、遠くから見た時に識別ができません。下調べの際、目的地の状況をチェックしておきます。

3 運動会でも要注意

子どもたちの白色の体育着の中で先生の体育着も白では、見分けるのが困難です。先生は帽子や上着など子どもの目につきやすい部分に目立つ色を使ってください。

運動会で、入場門までの移動中に列からはぐれてしまい、全児童が同じ体育着を着ているうえ、見学者などで混雑する校庭で迷子になってしまったというケースもありました。

とくに1年生の担任の先生は、子どもが識別できるように体育着や帽子などに配慮してください。

4 班行動のサポート

校外活動では班行動をとる学校が多いと思います。班長さんを中心にした秩序ある楽しい活動が、子どもの自治意識を育みます。子どもの中には、おなじ学級の友だちであっても名前がわからない子もいます。事前の説明会の際、班員の名前の確認、役割の確認、班長の役割と協力の仕方を説明します。班長には帽子やゼッケンなどを着用させ、一目でわかるようにしましょう。このことによって班長になった子どもの自覚も促されます。

サポートポイント

★はじめてのことに適応する力が弱い子には、視覚に訴えた資料を使ってサポートしましょう。
★グループ分け、役割などを視覚的にもはっきりさせると子どもは安心して行動できます。校外活動の時は、子どもから先生の姿が見えるようにすることが安全管理のひとつです。
★識別しやすい工夫は、クラスに弱視の子がいる場合にも効果的なサポートです。

学習編

26 体の機能を使いこなす運動をする

こんなサポート

　子どもの中には、筋肉を緊張させることが苦手な低緊張であったり、体の各部分を協調して動かすことが苦手だったり、バランスを取る力が弱い子がいます。これらの子どもは、一定時間姿勢を保つことがむずかしいために注意を受けたり、運動が苦手なために劣等感を持ったりしています。
　体づくりは時間がかかりますので、楽しんでできるような工夫が必要です。

1 子どもの姿勢に注目する

　子どもが椅子に座っている時に、姿勢に注目して様子を観察してみましょう。
　姿勢が崩れている子がいたら、姿勢を正しくするように注意を与えて、少し時間をおいて再度観察します。
　この時に姿勢が崩れているとしたら、低緊張で長時間姿勢を保つことがむずかしい子どもかもしれません。

2 体に合った机と椅子選び

　姿勢が崩れる子どもへのサポートは、まず体に合った椅子と机を選ぶことです。深く腰掛けて、両足の裏が床にしっかり着く椅子、これに合った高さの机を選びます。正しい姿勢で文字を書く姿勢をとってサイズを確認します。姿勢の崩れやすい子には椅子の座面に滑り止めのマットやヨガマットを敷くことで、ずり落ちにくくする方法もあります。

3 全身運動が楽しめるように働きかける

運動は、筋肉の緊張と弛緩の組み合わせによっておこなわれますから、低緊張の子は、運動が苦手であることが多いようです。休み時間にも外に出たがらない傾向があります。ジャングルジムや登り綱などの全身を使った運動が楽しめるように、ほかの子も誘って働きかけましょう。室内遊具ではトランポリン、バランスボールなどが効果的です。継続的に取り組めるように工夫しましょう。

4 跳び箱のサポート

跳び箱も苦手な種目です。いきなり跳ぶことを求めないで、体が宙に浮いた感覚に慣れることからはじめましょう。踏切板だけを使って高く飛んだり、遠くに飛んだりする運動を十分に楽しむことからはじめます。

リズミカルな動きも苦手ですから、跳び箱を跳ぶ時には、タンバリンや声かけなどで動きを音でも意識させるサポートをします。さらに跳び箱の上の手をつく位置に手の形を貼ったり、ラインを引いたりすることも視覚に訴えたサポートが効果的です。

5 鉄棒のサポート

鉄棒はまず、ぶら下がることからはじめます。順手で鉄棒をしっかりつかみ、体が支えられるようになったら、軽く揺すってみましょう。つぎは足を地面から離し、体を逆さにする練習になりますが、いきなり鉄棒で逆さになることに恐怖感があるばあいに無理をしないことです。恐怖感があると体が固くなり、手が離れて落下する危険があります。

逆さになる感覚は、マット遊びでも体験させることができます。大人が手で支えて逆さになる練習も効果があります。十分な事前の準備を重ねた後、実際に鉄棒でチャレンジしますが、必ず大人が補助し、下にマットを敷くなどの十分な安全対策をおこないます。

順手で鉄棒をしっかりつかみます。　　ぶらさがり体を軽く揺すります。

6 アスレチックで細かい動きを身につける

　低い位置の空間をスムースにくぐり抜けられなかったり、狭い空間を通り抜ける時にぶつかりやすかったりする子どももいます。自分の体の大きさや体型と対象物との関係性がつかめないのです。
　このような子は、ジャングルジムやトンネルくぐりなどを組み込んだアスレチックが効果的です。固定遊具に番号をつけたり、段ボールでトンネルをつくり足したりして、楽しめるように工夫しましょう。

7 「体育座り」も十分に配慮を

　多くの子どもが苦労なくできる「体育座り」もおなじ姿勢を長い時間保つことが苦手なために苦痛な子どもがいます。また肥満体型の子も「体育座り」が苦痛です。無理強いすることがないよう十分な配慮をします。

サポートポイント

- ★運動能力は、短期間に身につくものではありません。用具などを工夫し、豊かな学習活動を通して、活動を楽しみながら、思うように体の機能を使いこなせる技能を養うことが大切です。
- ★体を思うように動かすことの苦手な子は、とかく運動から遠ざかってしまうために経験が不足しがちです。いきなり鉄棒や跳び箱の技に取り組ませるのではなく、体が宙に浮く感じや、逆さになる感覚を体験させながら体を動かす楽しさを十分に味わわせながら遊びの中で積み重ねるように工夫しましょう。
- ★体を動かす遊びは体が小さく、大人が補助しやすい低学年のうちにたくさん体験させたいものです。ワンステップ・スモールステップで時間をかけて、子どもが多様な動きができるようになる喜びを味わえることを中心に置いて進めましょう。

学習編

27 はさみやクレパスで手先を使う練習をする

こまったエピソード

　高機能自閉症のNくんは、時間割の変更や活動の場所等がいつもと違う場合に、受け入れられずに戸惑うことはありますが、電車が大好きな2年生です。通常学級に通っています。

　Nくんは、手先の細かな動きが器用にできません。給食が大好きですが、箸はまだうまく持てません。上からの握り持ちなのでご飯のときは、左手を添えて二本の箸の上にご飯を乗せて食べるので、こぼれやすくて困っています。待ちに待った給食の時間なのですが、グループのみんなと楽しくおしゃべりをしながら食べる余裕もありません。おなじようにはさみも、うまく使えません。自由に切る時はよいのですが、算数の学習で線に沿って三角形や四角形も図形を切り取る時のように線に沿って切ることが困難です。

　そこで担任のA先生は、こぼれやすい献立の時にはスプーンを用意したり、算数のワークシートの切り取り線を太くしたりする工夫をしています。このような工夫をすることはNくんの自己肯定感の醸成や子どもの相互評価をよいものにしていくことにつながるとA先生は考えています。

　一方手先の細かい動きが思うようにできる練習も必要だと考えていますが、この練習のために楽しみながらできる活動を用意したいと考えています。

こんなサポート

　体を動かすことが苦手な子どもは、手先の細かい作業も苦手なことがあります。小さなボタンを止めたり、ジャンパーなどの前開きファスナーをかみ合わせたり、線の通りに切り抜くことが苦手です。

　手先の仕事は、学習活動を支障なくおこなうための基本です。子どもが喜んで取り組む教材を工夫しましょう。

1 「さくさく紙吹雪」

　はさみが子どもの手に合っているか、利き手、大きさ、持ち手の具合、切れ味などを調べます。器用さに欠ける子に持たせる道具ほど手に合ったよい物が必要です。

　手に合ったはさみを使って、紙吹雪などをさくさくとたくさん切らせてみましょう。切ることの楽しさを体験させます。

2 「りんごの皮むき」

　赤い色画用紙でりんごを丸く切り抜いて、1～1.5センチ幅にらせん状の線をかいておきます。

　りんごを左手で持ち、はさみを右手で持ちます。切るときには、切る線がはさみの左側にくるようにりんごを持ち、はさみの位置は固定するようにします。左手（りんご）を動かしながら、りんごの皮が途中で切れないように慎重に切り進めます。

　慣れないうちは、切っているうちにはさみが右側に傾いてきます。これは、無意識のうちに線を見ようとしている表れです。慣れるまでは、なるべく切る線を太くして、はさみが垂直に使えるようにしましょう。

3 「線路は続くよどこまでも」

　好きな色のクレパスで長い１本の線を大胆に思うままに描きます。つぎにこの線から１センチほど離して平行線をもう１本引きます。この２本目の線を引く時は大変な緊張を要します。この２本の線でレールの片方ができます。おなじように２本線のもう片方も描いてレールの完成です。
　この課題で指先の弛緩と緊張の両方を体験できます。ＳＬや新幹線などを描いて切り抜き、動かしたり、貼りつけるなどすると楽しい造形活動になります。

線路の描き方

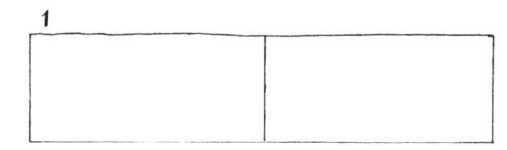

1

模造紙を細長くつなげます

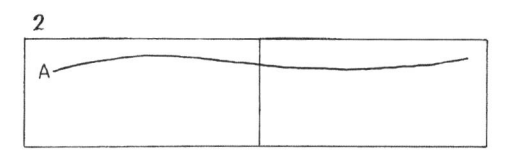

2

できるだけ長い線Ａを引きます。

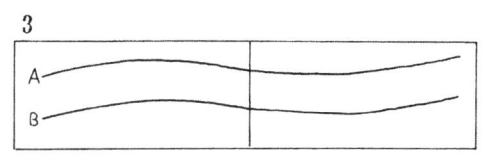

3

Ａと同じ太さで、Ａに平行した線Ｂを描きます。このとき少し緊張します。

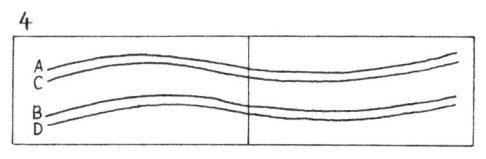

4

線Ａ・Ｂに平行した線Ｃ・Ｄを描きます。このとき、線Ｃ・ＤはＡ・Ｂの下になるべく狭い間隔で平行させるようにしましょう。子どもたちは息をつめて緊張します。この緊張感が大切な学習です。

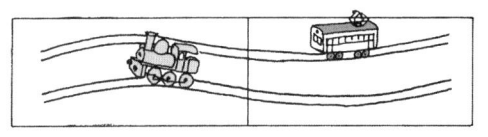

線路が描けたあとは、緊張を緩め汽車や電車を自由に走らせましょう。

サポートポイント

★「発達障害者支援法」（2005年４月施行）などによって、通常学級に在籍する発達障害の子どもに対する支援がスタートしました。支援スタッフが配置されるばあいには、鉛筆の持ち方、はさみの使い方等の基本的な操作が身に付いていない場合には、個別に指導するよいチャンスです。

★絵の具筆の使い方に慣れたら、「線路はつづくよどこまでも」も絵の具で描くこともできます。子どもは案外息詰まるようなこの緊張感を楽しみます。

学習編

28 絵を描く前に筆の使い方を練習する

こんなサポート

　体を動かすことが苦手で、手先の細かい作業も苦手な子どもは、鉛筆や筆の持ち方を正しくできないことがあります。
　また筆も思うように使うことは難しいことです。いきなり形のあるものを描かせようとすると、形にとらわれて筆の使い方に対する関心が弱くなってしまいます。筆の使い方に慣れないうちは、雪や桜の花びらを風景の中に散らしてみましょう。

1 「ひらひらひらひらボタン雪降るよ」

　冬になったら黒や濃い灰色の色画用紙にクレパスで学校の付近の景色を2枚描いておきます。そのまま、雪が降るのを待ちます。雪が降ったらその絵を取り出し、「ひらひらひらひらボタン雪」を描き加えます。
　パレットに白い絵の具をたっぷり用意し、太い筆につけて景色の上に「ひらひらひらひらボタン雪」を置いていきます。筆に含ませた絵の具を置くように、雪を描く指導をします。

景色2枚（同じもの）描く

ボタン雪を描きます。

83ページへ
粉雪が降るのを待ちます。

2「チラチラチラチラ粉雪まうよ」

　もっと寒い日に雪が降ったらもう１枚の絵に粉雪を描きましょう。白い絵の具を少し硬めに溶きます。太い筆に白い絵の具をつけて、筆の穂先だけを使って力を入れ過ぎないように慎重に粉雪を降らせます。大きな木にも家の屋根にも細かい粒のさらさらの粉雪が積もっていきます。

　粉雪は、ボタン雪を描く時よりも格段に緊張を要します。子どもたちの息遣いが伝わってきます。ボタン雪も粉雪もおなじ太めの彩色筆で描くことがポイントです。粉雪だからと細筆を使ってしまうと、筆の穂先の使い方も緊張感も味わうことができません。

3「咲いた咲いた桜が咲いた」

　３月に入ったら進級への期待を込めて、明るい色の画用紙にクレパスで大きくて太い桜の幹と枝だけを描いておきます。

　４月に桜が咲いたら、太い絵の具筆に桜色の絵の具をたっぷり含ませてそのまま筆を桜の枝に置き、花びらを一筆一筆重ねます。ボタン雪とおなじように大胆に桜の花びらをのせて満開にします。桜の花びららしく筆先のギザギザを生かして１枚１枚の花びらを描くために、絵の具はボタン雪の時よりも少しだけ硬めに溶きます。

サポートポイント

★手先の器用さは短期間で身につくものではありません。教材を工夫し、緊張と弛緩を組み合わせ、豊かな学習活動を通して、表現活動を楽しみながら、思うように体の機能を使いこなせる技能を養うことが大切です。

★雪や桜のほかに花火などの教材でも応用できます。

学習編

29 思考をリードする ワークシートの活用

こんなサポート

　学習用につくられたワークシートは、1時間の学習活動の道案内を果たします。ワークシートに書き込んでいくことで、子どもは自分の考えを明確にすることができます。書くことによって自分の考えが視覚を通してふたたび自分の中に入り、自分の考えをより明確にする助けになるのです。また書いたものがあれば友だちと意見交換をする時の手がかりになります。

★算数の学習指導案（小学校第5年生）

●単元名 ― 三角形の面積の求め方を考えよう
●今日の学習のねらい
　・三角形の面積は、既習の図形を基に考えれば求められることを理解する。
　・三角形の面積を求める公式を理解する。

	学習活動	☆評価　　◎支援　　○留意点
1	これまでの学習内容を確認する。	◎正方形、長方形、平行四辺形の面積を求める公式を確認する。 ◎既習内容を用いて三角形の面積の求め方を導き出せばよいことを確認する。
2	問題をつかむ。	○面積の求め方を考えることが主であり立式は必要ないことを伝える。 ◎考える手がかりを得やすいように、提示する問題の三角形は方眼紙に印刷をする。
3	三角形の面積の求め方を考える。 ・ヒントカードの向きを変えたり、切ったりしたりして、工夫する。	◎提示した三角形とおなじ図形（ヒントカード）を配布すると共に、複数枚用意し必要に応じて自由に活用できるようにする。（切り抜いたり、向きを変えて考えることも示唆する） ☆等積変形や倍積変形に着目して考えている。 ◎考え方を式に表す。
4	三角形の面積を求める考え方を発表する。	☆自分の考えと友だちの考えを比較して考える。
5	三角形の面積を求める考え方を立式する。	○どの考え方も面積がおなじになることから、正解であることを確認する。
6	簡単に間違いなくできるやり方を見つける。	○数値を変えて問題を解く。 ☆長方形や平行四辺形に直して三角形の面積を求めることを理解する。
7	三角形の面積を求めるには、公式を使えば間違いなく楽にできることに気づく。	
8	練習問題をする。	

★ワークシート（例）

三角形の面積の求め方を考えよう　　　5年　組（名前　　　　　　　　　　　）

今日の学習のめあて
　○三角形の面積の求め方を考える。
　○三角形の面積を求める公式がわかる。

1. これまでに学習した図形の面積を求める公式を書きましょう。

　　| 図形の名前 |

　　| 図形の名前 |

　　| 図形の名前 |

2. 上の図形の面積を求める考え方を使って、三角形の面積を求める考え方を書きましょう。

　　A

　　　　　　　　　　　　　　　　　　　　　　　　ヒントカードは、何枚でも使えます。

3. 自分の考えを発表しよう。
4. 自分の考えとちがう友だちの考えがあったらいただこう。

　　B　　　　　　　　　　　　C

5. A、B、Cの考え方を式に表してみよう。（式に表すばあいに長さが必要な辺に赤線を引こう）
6. 三角形の面積を求める公式を考えよう。

7. 三角形の面積を求める公式を使っていろいろな三角形の面積を求めよう。（練習問題）
　　(1)
　　(2)
　　(3)

今日の学習で分かったこと
　○
　○

今日の宿題「算数ドリル18」

ワークシート作成上のポイント

★ワークシートは、今日の学習の目当てに行き着く道案内です。やがてワークシートがなくてもノートに1時間の学習活動の経過が整理できるようになることを目指します。

★設問は、子どもが自分の考えを書けるように具体的であることが重要です。生活科などのワークシートで、「楽しかったですか？」などの抽象的な設問を見かけますが、評価の基準が不明確な設問は、どう書いてよいか子どもが迷います。

学習編

30 ボードを使って自分の意見を発表する

こんなサポート

　授業は、子どもが主役です。一人ひとりの子どもが生き生きと活動できるように学習活動を工夫しましょう。言葉の説明と板書だけで進められる授業にはついて行けない子も、具体的な行動が伴う学習活動が展開されらば、授業に参加できる機会がふえます。そのことにより学級全体の学習意欲の向上につながります。

　学習編 29 で紹介したワークシートのサポートとともに、発表ボードなどを使って、「自分の考えを持つ」「自分の考えを書く」「発表する」の３つを関連づけてサポートします。

1 【発表ボード】に自分の考えを書く

　【発表ボード】があれば、発言の苦手な子ども自分の考えを書くことができます。自分の考えが浮かばない時は書かなくてもよいことにします。

2 【発表ボード】の活用

　【発表ボード】は、A3 程度の大きさのホワイトボードが便利です。できれば子どもの人数分用意できるとよいでしょう。

　この発表ボードに自分の考えを書いて黒板に貼ります。いろいろな考えがあることが分かります。

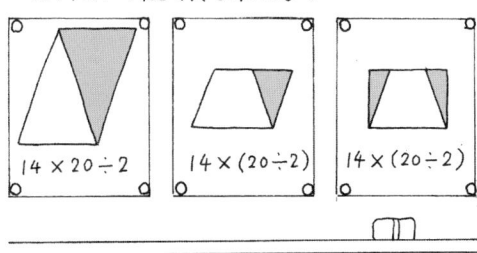

3 【名札カード】の活用

　【名札カード】は、タテ3センチ×ヨコ9センチくらいの大きさに切ったマグネットシートに子どもの氏名を書いた物です。自分と同じ考えかたの【発表ボード】に自分の名札カードを貼り付けるなどして活用します。
　次に同じ考えの子ども同士のグループを再編成します。

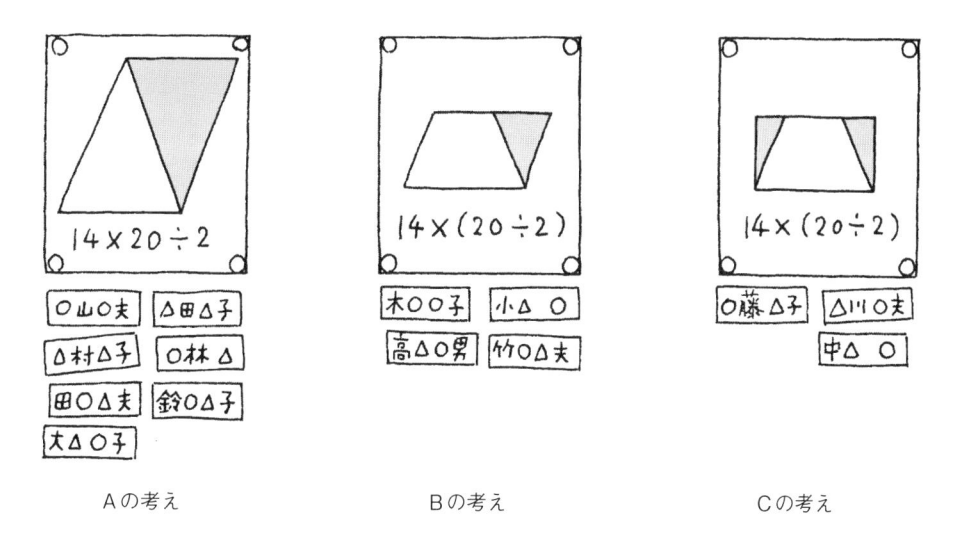

Aの考え　　　　　　　Bの考え　　　　　　　Cの考え

4 学習集団の再構成

　子ども相互が意見を交換し合うには、グループ活動が効果的ですが、引っ込み思案であったり、言語表現が苦手な子どもは、自分の意見をとりあげてもらえないこともあります。そこでおなじ【発表ボード】に【名札カード】を貼りつけた子どもたちでグループをつくります。おなじ考えの友だちの集まりですから、安心感が持てます。

サポートポイント

★学習集団を再構成するなどの工夫によって、どの子どもも安心して自分の考えを言える環境をつくりましょう。
★操作活動を積極的に取り入れて、学習内容を子ども自身が獲得できるように活動を工夫しましょう。

学習編

31 話すことが苦手な子へ 4つのポイント

こんなサポート

話したいことはたくさんあるのに、相手にわかるようにうまく言えない子どもがいます。
　身振りを交えて必死に伝えようとしますが、焦れば焦るほど伝わりません。そのうち「もういい」とあきらめてしまいます。
　一人ひとりの子どものつまずきに合った聞き方を心がけ、伝わったよろこびやわかってもらえた満足感を味わわせてあげましょう。

1 単語だけで要求を伝えようとする子どもへのサポート

子ども「紙」
先生「何の紙？」
子ども「宿題のプリント」
先生「宿題のプリントがどうしたの？」
子ども「もらってない」
先生「『宿題のプリントがないのでください』って言ってください」
子ども「先生、宿題のプリントがないのでください」
先生「じょうずに言えましたね、よくわかりましたよ。はい、どうぞ」（にっこり）

2 語彙が少ない子どもへのサポート

　語彙が少なかったり適切な言い方がわからない子どもは、「だから〜」とじれったさを見せたり、身振り手振りで補おうとします。このような子どもには、適切な言葉に置き換える大人のサポートが有効です。言いたいことが言語化できたら、大人が代弁したままにしないで、必ず本人に復唱させましょう。

　読んだり、書いたりすることに困難がある子どもは、本を読んだり、文章を書いたりすることから遠ざかりがちです。その結果、獲得する情報の量や語彙が少なくなることがあります。このような二次障害を防ぐ上からも適切なサポートが必要です。子どもの語彙を豊富にするために、しりとりやなぞなぞなどの言葉遊び、本の読み聞かせも有効です。

3 順序だてて話せない子どもへサポート

　順序だてて話すことは、相手にわかりやすい話し方の基本です。子どもは自分の思いが先走り、聞き手にわかりやすく話すことにまで気が回らないことが多いのです。

　あらかじめ「いつ」「だれが」「どこで」「なにを」「どうした」（5W1H）などの疑問詞のカードを用意しておき、このカードにしたがって話を進めるように指導するとうまくいきます。話す前に原稿にこの5W1Hにしたがって内容を書かせておくことも有効です。

　少し慣れてきたら、聞き手の子どもから不明だった箇所の質問を受けつけ、不明なところを補いながら話を深めることも試みましょう。

4 具体物を活用するサポート

　発表や授業中の発言の時に実物や絵、写真を示しながら話すとわかりやすくなることを教えましょう。たとえば、遠足の楽しかったことを発表する時は遠足の絵があると話しやすくなります。

サポートポイント

★朝スピーチなどの時は、絵や写真や実物などを用意すると効果的であることを指導しましょう。

学習編

32 聞き取りが苦手な子へ 8つのポイント

こんなサポート

話を聞き取ることが苦手な子どもがいます。話を聞き取ることが苦手な子どもには、その要因として主につぎの3つが考えられます。
①話に集中できない。
②話の内容がイメージできない。
③聞いた内容をすぐに忘れてしまう。
子どもの実態を把握して、一人ひとりに必要なサポートをします。

1 話を聞き取りやすい環境を整える

廊下や校庭から騒音が入るばあいには、窓やドアを閉めるなど、話を聞きやすい環境設定をします。

話を聞く時には話している人を見るという傾聴の姿勢をとることを学級のルールとして確立します。

2 アイコンタクトをとって話す

集団の中で話を聞いて理解できない時でも一対一で話すと理解できることがあります。

通常学級の中で一対一対応がむずかしい時には、名前を呼び、アイコンタクトをとりながら話すだけでも聞きとりやすくなります。

子どもにも話し手の目を見て聞くことを指導します。

3 ゆっくり、はっきりした話し方をする

　先生の話す言葉も子どもの学びやすさを生み出す重要な「学習環境」です。子どもに話の内容をしっかりと届けるには、大きな声よりもゆっくり、はっきり話す方が効果的です。この配慮は難聴の子どもにも有効です。

4 具体的な物や絵や写真を示しながら話す

　できるだけ具体的な物や絵、写真を用いて説明すると、理解が容易になります。

5 一つの話に複数の内容を盛り込まない

　指示をするばあいには、一つの活動が終わってから、つぎの指示をするようにします。一度にする指示は3つ以内にしましょう。前もって手順を説明する時には、内容を箇条書きにした掲示物を併用しましょう。

6 子どもが答えやすい具体的な質問の仕方をする

　学校行事や休み中の思い出などの感想を聞く場合などは、「どうでしたか？」と言うような抽象的な聞き方ではうまく答えられません。具体的に聞きましょう。

7 伝えたいことを具体的に話す

　たとえ話は理解しにくいことがあります。
　具体的に伝えましょう。
　興奮してしまい、友だちに殴りかかろうとしている子どもに、先生は「暴力をふるうな」という意味で「手を出すな」と言っても、言葉通りにしか受けとらず「足ならいいでしょ」と応えてくることがあります。
　こんな時は「暴力をふるってはいけません」と言った方がより効果的です。

8 メモを取りながら聞くように指導する

　聞いた内容を覚えていられない子どもには、メモを取りながら聞く指導が有効です。慣れるにしたがって、簡潔なメモが取れるようになります。

サポートポイント

★話をする・話を聞くことが苦手といってもその要因はさまざまです。一人ひとりの子どもに合ったサポートをするために子どものつまずきの傾向や特徴を捉えることが大切です。

★学級担任の先生一人では、子どもの実態把握が困難なばあいには、校内委員会のメンバーや学習補助員などの協力を得て、学習の様子を観察したり作品を点検することがよいでしょう。

★話す・聞く活動はすべての学習の基礎ですから、子どもの実態を的確に把握した上でサポートの方針を決め、家庭と学校が連携しておこなうことが大切です。とりわけ、少子化・核家族化の中で単語だけで意思の疎通が図られてしまう家庭環境を考えると、家庭との連携の中で言語環境を整えることは今後ますます重要になります。

学習編

33 文字を書くことが困難な子へ 6つのポイント

こんなサポート

　文字を書くことが困難な子どももいます。知的発達は正常域にあるのに、「書く」という特定の領域に困難のある場合には、それぞれの子どもに合ったサポートが必要です。
　特別支援教育の実施によって学習補助員などがつくばあいには、低学年のうちに、学習の基礎をていねいに指導します。

1 使いやすい鉛筆・消しゴムを選ぶ

　鉛筆の正しい使い方は学習の基礎です。子どもの筆圧に合った鉛筆を与え、適度な濃さ、大きさで文字を書かせます。
　筆記用具は、漫画のキャラクターなどの気の散りやすい装飾がないものを選ぶように指導します。

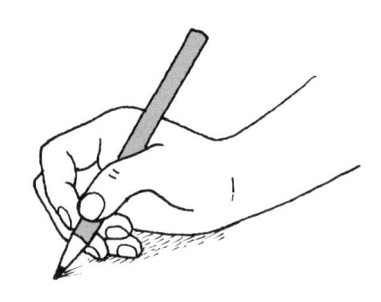

2 椅子・机の高さ、教室の照明にも気を配る

　正しい姿勢で文字を書くためには、椅子と机の高さが適切である必要があります(76ページのサポート2参照)。
　椅子は、足の裏がしっかり床に届くくらい、机は、目から30センチくらいの高さに机上面が見られるくらいが適切な高さとされています。

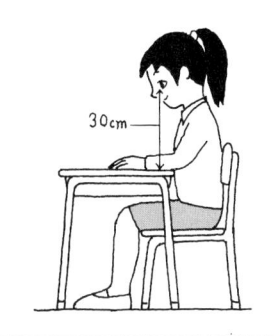

3 鏡文字を書く子へのサポート

　「く」→「>」、「つ」→「⊂」など、左右逆になる鏡文字を書く子どもは、左右・上下などの空間の認知も未成熟であるばあいが多いようです。
　黒板に教室の左右・上下を示す掲示をします。いつも特定の文字を間違えるばあいには、机の上に正しい文字を貼っておくこともサポートになります。

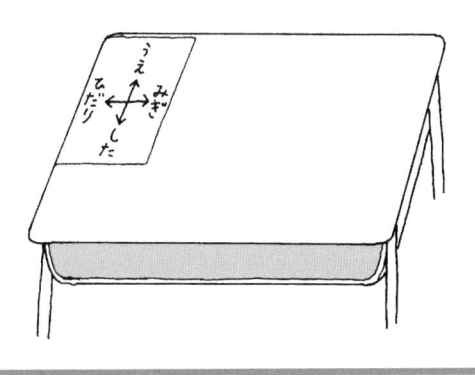

4 似ている字を間違える子どもへのサポート

　ソとン、シとツなど似ている字を間違える子どもは、細かい部分の識別が不得意なようです。識別しやすくするために、ソ＝そ、シ＝しのように説明を加えることも効果的です。
　東と束、湯と場などの漢字の混同は、漢字の意味を教えたり、偏などの識別しやすい情報を与えます。

ソ － ン
シ － ツ
東 － 束
湯 － 場
空 － 空
末 － 未
初 － 初

5 複雑な字を間違える子どもへのサポート

　画数の多い複雑な漢字を学習するのは中・高学年からです。偏やつくり、冠などの形、大きさを間違えやすいと自覚させた上で、細かいところまでよく見るように教えます。
　電子辞書の活用も、サポートのひとつとして考えてもいいでしょう。

6 文字が書きやすいノートを用意する

　高学年になると、罫線のノートを使うことが一般的になりますが、子どもの状況に応じて桝目のノートも活用します。
　偏とつくりに分解して字の形を覚える画数の多い複雑な漢字を書く時は、桝目のノートのほうが効果的です。桝目のノートは、桝目の中に縦横の破線がある方が使いやすいようです。

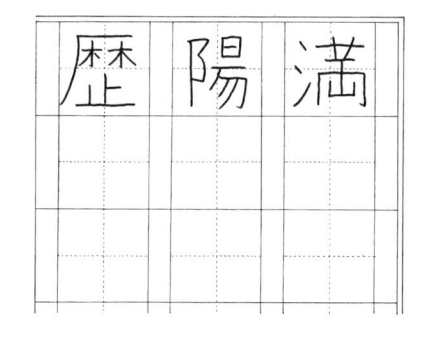

サポートポイント

★文字を書くことが困難な子どもには、この項で紹介したようなサポートをすることが大切ですが、それでも困難が解消されない場合には、パソコンの使用も視野に入れましょう。基礎・基本を学習する義務教育では難しいこともあるでしょうが、99ページ「あとがきにかえて」に登場するT君は、高等学校の時に、担任の先生にテープレコーダーの使用を申し入れて、ノートをとらずに聞き直すことで書字障害を克服しました。

学習編

34 文章を書くことが困難な子へ 4つのポイント

こんなサポート

　文章を書くことが困難な子どもは、話すことも困難であるばあいが多いので、まず話す能力を判定して、その上で、文章を書くサポートをします
　話すことや書くことが困難な子どもは、話したり書いたりする内容が定まっていないことが多いようです。話したいことや書きたいことを引き出し、言語化するサポートが必要です。

1 まず、話を引き出す

　テーマにしたがって、大人が聞き役になって話を引き出すことからはじめます。
　話すことが困難な要因として考えられるのは、
　①表現方法がわからない。
　②順序立てて話すことがむずかしい。
の2つです。
　ケース①の子どもの多くは語彙が少ない傾向がありますから、子どもの思いを受け止めて大人が言葉にしてあげます。
　原稿用紙に書く際には、子ども自身が自分の言葉で文章化します。

2 文章を書く指導内容の指導計画を立案する

（例）
1. 書きたいことを教師が聞き手になって引き出す。
2. 引き出した内容を助詞に留意して言語化する。
3. 言語化した内容を子どもが文章化する。
4. 事実の内容を書く。
5. 事実に即して様子をくわしく書き込む。
6. 気持ちや感情を書き込む。

3 感情を言語化する

　事実を言語化することはできても、感情の言語化ができない子どもがいます。感情の言語表現が苦手な子どもは、泣いたり、黙り込んだり、物に当たったりして感情を表出します。

　このような時に、その行動のみを捉えて制止したり、叱ったりしないで、子どもの感情を汲み取り、言語化します。

　「くやしかったんだね」「やり方わからなくて困ったのね」など、言語化のサポートが有効です。

　大人のサポートを得て言語化することにより、子どもは自分の感情を意識化することができます。さらに他人に気持ちをわかってもらえたという安心感を持つことができます。

4 パソコンの活用

　事実や様子、感情を言語化することはできても、字を書くことが困難な子どもには文章作成の手段としてパソコンの利用を検討します。

サポートポイント

★一口に文字が正しく書けなかったり、文章が書けないといってもその要因はさまざまです。まず子どもをていねいに観察し、つまずきの要因を明らかにします。

学習編

35 計算や文章題を解くことが困難な子へ 4つのポイント

こんなサポート

計算が苦手な子には、いくつかの要因が考えられます。
たとえば、数の概念が理解できていない、計算の手順が理解できていない、桁をそろえることができないなどです。
子どもの実態を正確に把握し、つまづきの要因を明らかにし、具体的なサポートおこないます。

1 数の概念が理解できない

おはじきや数え棒などの具体物を使い、数と量を一致させることが大切です。
十進数の仕組みを理解させる時には、数え棒を使います。10本が束になって1本になったり、1束が10本になったりするので、おはじきよりも理解が容易のようです。

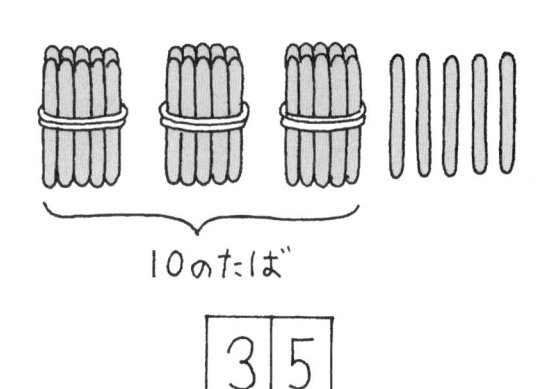

10のたば

| 3 | 5 |

2 計算の手順が理解できない

2桁、3桁の掛け算、割り算になると手順も複雑になりますから、実際に計算問題を解きながら、手順を箇条書きに整理して教えます。
色の表示も取り入れてみましょう。

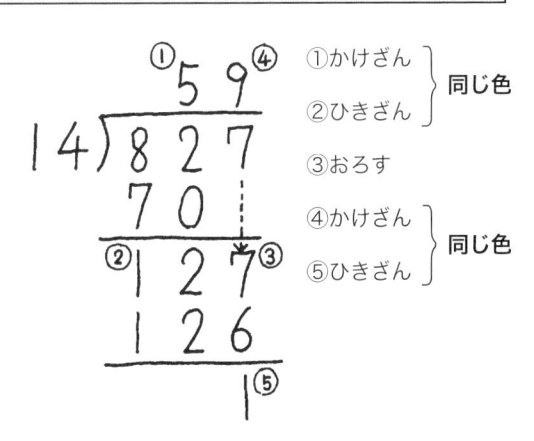

①かけざん ②ひきざん ｝同じ色
③おろす
④かけざん ⑤ひきざん ｝同じ色

3 桁をそろえることができない

筆算の時に桁をそろえることが困難な子どもには、桝目のノートを使うと桁がそろいやすくなり、正しく計算ができるようになります。またくり上がりの数字を書く場所も明確にする間違いが少なくなります。白紙の計算用紙にごちゃごちゃと書くやり方を放置しないことです。

このような子どもは、文章を読んでいる時に行を飛ばしたり、グラフを読む時に縦軸と横軸の読み取りが正確にできないなどの困難さを併せ持っているばあいが多く見られます。視覚認知が十分育っていないからでしょう。

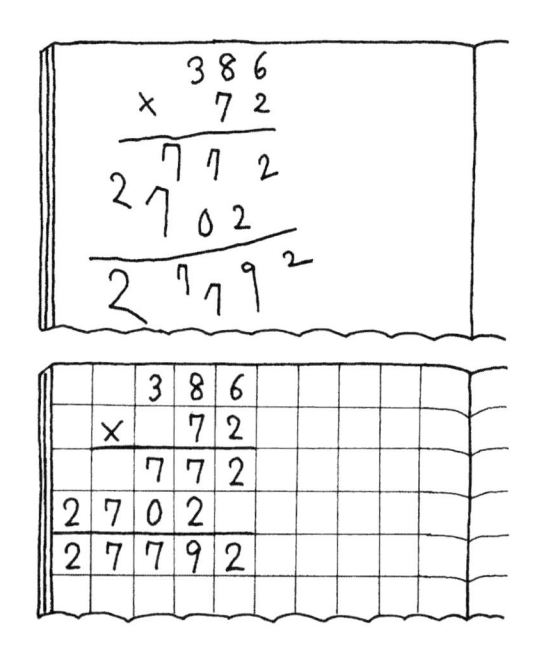

4 集中して取り組める工夫

集中力が弱い子には、1枚の問題用紙に出す問題数を減らします。

一度にたくさんの計算問題が印刷してある問題用紙だと、「うわー、こんなにたくさん」とやる気をなくしてしまったり、隣の問題に目が行ってしまって、数字を取り違えたりします。

B5判の紙を4つに切った小さな紙に1問ずつ問題を書き、つぎつぎにやるという方法もあります。多動性のある子なら1問できるたびに先生に見せに行き、○をもらうことで、多動性も緩和でき、成就感も得ることができます。

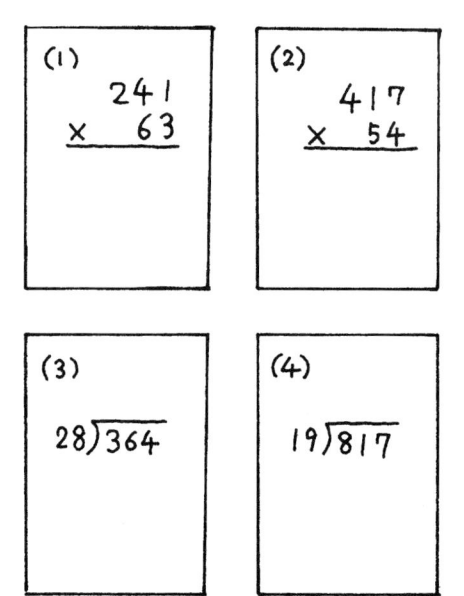

サポートポイント

★適切なサポートをおこなうためには、子どものノートやテストをていねいに分析することが大切です。
★子どもの年齢によっては、自分の苦手を受け止めることができるばあいもあります。
★苦手な分野を伝えて自分でも気をつけるようにしたり、他の方法を工夫したりできるようにすることも目標になります。

あとがきにかえて

■大学生になったT君

　数年前、私は、JRのある駅で一人の若者に声をかけられました。小学校3年生の時、担任をしたT君でした。

　その後彼はK大学に合格し、充実した大学生生活を送っていると近況を告げた後、いきなり「先生、おれLDだったの。知ってた？」と聞いてきました。私もお母さんも、知っていましたが、T君には伝えていませんでした。

　私が、「どういうふうにして知ったの？」と聞くと、「高2の時、学校の図書室で自分で調べた」と答えました。そして、「やっぱなー。という感じで、今までのもやもやが一気に晴れた」と言い添えました。

　T君は、位置や空間を認知することに困難を抱えた子どもでした。図画工作の時間に絵を描くと、1枚の画用紙に収まらず、いつも「もう1枚ちょうだい」と言って継ぎ足していました。このような彼の特性は、文字の形を整えるのが苦手ということにも現れていました。桝目のノートに書いた文字でも偏とつくりのバランスがとれず、私は判読に苦労したものでした。

　気をつけても整った文字が書けないというT君の悩みは、私の苦労を遙かに超えて、深く彼の心に重くのしかかっていたと思います。だからこそ本からの知識で、自分の障害の正体に気づいた時の気持ちを「もやもやが一気に晴れた」と感じたのでしょう。

　得体の知れない不安の正体がLDであることを知った彼は、自らの障害を乗り越えるために行動を起こします。数日後、母親とともに小学生の頃に通っていた医療機関を訪ね、診断書を受け取ると翌日、担任の先生に自分の書字障害を告げ、授業にテープレコーダーの持ち込みの許可を願い出たそうです。許可を得た後は、ノートは取らずにテープレコーダーで復習をしたそうです。そして笑顔で「大学受験は、マークシートだから全然問題なし。論文はパソコンでOKだった」と言ってVサインを出しました。

　わずか数分間の立ち話でしたが、T君は自分の苦手を受け入れ克服し、自ら可能性を拓いていくさわやかでたくましい姿を私に見せてくれました。

■35のサポートとヒント

　この本では、発達障害の子どもたちへのサポート方法やサポートのヒントを35あげましたが、一口に発達障害の子どもと言っても、その特性は，一人ひとり違います。子どもの実態に合わせてアレンジして参考にしてください。子どもたちは成長するにしたがってやがてはサポート

のない社会の中で生活していきます。サポートなしでも自立した生活が送れるよう計画的にサポートの内容を変化させてください。

■一人だけ特別扱い？

通常学級の学級担任の先生が、発達障害の子どもに必要なサポートをすると、必ずといってよいほど出てくるのが、「いいな、○○くんばっかり」と特別なサポートをうらやむ他の子どもの声です。

どの子どもにも平等・公平に接することは学級担任のもっとも大切な基本姿勢ですが、特別な支援が必要な子どもがいる時には、全員に同じ支援をすることが公平の意味ではないことを明確にします。「必要な子どもに必要な支援をする」。このことを子どもたちにしっかり伝えた上で、「困った時には、いつでも、だれでも助けてあげるよ」と基本的にはみんなに公平であることを伝え、すべての子どもに安心感を抱かせることが、大切です。

そして一人ひとりにはそれぞれに課題があり、どの子も自分の課題の実現に向かって昨日より今日、今日より明日へと成長していくことが何より大切であるという、価値観を子どもに持たせることが大切です。

昨日より成長した今日の姿を互いに認め合える温かな人間関係を築くことによって、「いいな、○○くんばっかり」から「○○さんできるようになったね」の声が生まれる学級づくりを実現したいものです。

■大人のサポートは子どもたちのモデル

学級担任のサポートは、発達障害のある子どもの【セルフ・サポート】のモデルであるばかりでなく、通常学級の子どもたちの【ピア・サポート】のモデルにもなります。大人の適切なサポートは、障害のある子どもを「○○ができない」存在として見るのではなく、「○○してあげればできる」と、友だちが肯定的な見方ができる子どもに成長させます。また、一人ひとりの子どもが「自分は何ができるか」を考えて行動するようになります。

Aくんはアスペルガー症候群の障害がありますが、東京都内の公立小学校の通常学級の3年生に進級しました。総合的な学習の時間や算数の少人数学習がはじまり、学習の班編成も教科によって異なるようになりました。変化に対応することが苦手なKくんが立ちすくむ姿を見た子どもたちは、Aくんを教卓の近くに連れて行き、「ここで待っててね」と言うとAくんの机をグループに移動し、呼び寄せました。

以来、Aくんは学習集団が変わる場面になると、学用品を持って教卓の脇で友だちの招きを穏やかな表情で待つようになりました。担任の先生のAくんへのサポートを見て学んだ子どもたちが、自分たちで編み出した【ピア・サポート】でした。障害の持つ困難さが学級集団の力によって解消されていくことを子どもたちが実証してくれています。

■障害受容の第一歩

　LD、ADHD、高機能自閉症などの発達障害のある子どもは、自分の障害の実態を自分で把握することがむずかしいために小学校低学年のころから「自分が人と何か違う」「どうしてうまくいかないのだろう」などの漠然とした不安を抱えています。このような子どもたちに、障害名だけを告げることは、百害あって一利なしです。

　しかし、学級担任や友だちのサポートを得て、「自分はこれが苦手だけれどこうすれば大丈夫」と困難や苦手なことを乗り越える方法を身につけて成長した子どもは、自分の将来を肯定的に捉えることができるようになります。

　これは障害の自己受容の第一歩であると思います。

■発達障害の子どもが生活しやすい学級はすべての子どもに快適

　本書でご紹介したサポートやヒントはすべて、優れた実践をしている現場の先生が教えてくださったものです。

　訪れた学校、一つひとつの学級を思い返してみて、強く心に残っているのは、どの学級も例外なく温かい雰囲気と子どもたちの笑顔に満ち溢れていたことです。そしてどの先生も異口同音におっしゃったことは、「発達障害の子どもが困らないようにサポートしたことが、通常の子どもの生活のしやすさや、学習環境の改善につながった」という指摘でした。【学習編】で取り上げた授業中のサポートによって、通常の子どもたちの学習意欲も向上したというのはうれしい報告でした。

●休み時間と授業中のけじめをつける。
●教材は視覚に訴えてわかりやすく。
●先生の話を聞くことが中心の受身の授業から、子どもが主体になった授業を展開する。

　これらの発達障害の子どもへのサポートが、通常学級の子どもたちにとっても学びやすさを生み出しました。

　学校現場はこれまで、発達障害の理解で精一杯だったと思います。特別支援教育実施の3年目の今、「どうするか」が求められています。本書が、子どもたちが自らの可能性を拓いて成長する際の、温かく適切なサポートを考案する際の実践的な参考テキストになり、この本のアイデアを超えて豊かなものになることを願っています。

　最後になりましたが、たくさんの優れた実践を示して下さった現職の先生方に感謝申し上げます。

梅原厚子

参考になる本・資料

『ブレーキをかけよう1　ADHDとうまくつきあうために』
P・O・クイン、J・M・スターン【著】　田中康雄、高山恵子【訳】　川畠智子【絵】　●えじそんくらぶ、2000年

『アスペルガー症候群と高機能自閉症の理解とサポート
――よりよいソーシャルスキルを身につけるために』
杉山登志郎【編著】　●学習研究社、2002年

『LD・ADHD・高機能自閉症の子どもの指導ガイド』
国立特殊教育総合研究所【著】　●東洋館出版社、2005年

『〈教室で気になる子〉LD、ADHD、高機能自閉症児への手だてとヒント』
黒川君江【編著】青木美穂子、田中文恵、小林繁【著】　●小学館、2005年

『発達障害だって大丈夫――自閉症の子を育てる幸せ』
堀田あけみ【著】　●河出書房新社、2007年

『ふしぎだね!?　ADHD〔注意欠陥多動性障害〕のおともだち』
内山登紀夫【監修】高山恵子【編】　●ミネルヴァ書房、2006年

『ふしぎだね!?　アスペルガー症候群〔高機能自閉症〕のおともだち』
内山登紀夫【監修】安倍陽子、諏訪利明【編】　●ミネルヴァ書房、2006年

『LD・ADHD・高機能自閉症の児童・生徒への教育支援体制の整備のためのガイドライン（試案）』
文部科学省

『東京都特別支援教育推進計画――一人一人が輝く特別支援教育の創造をめざして』
東京都教育委員会

『平成19年度児童・生徒一人一人の適切な就学のために――就学相談の手引き』
東京都教育委員会

『特別支援教育推進のための理解啓発資料・
通常の学級に在籍する特別な支援が必要な児童・生徒の理解と指導』
東京都教育委員会

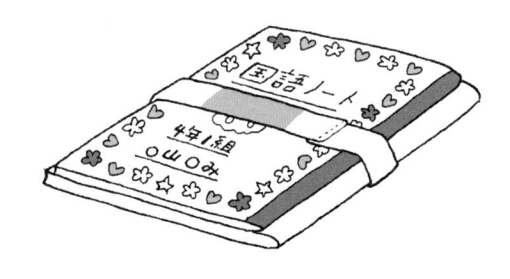

【著者紹介】

梅原厚子（うめはら・あつこ）

東京都渋谷区教育委員会就学相談員
前東京都大田区立東調布第三小学校校長
元東京都学校教育相談研究会会長

障害のある子に対する優しい対応は、通常の子にとっても暮らしやすさ、学びやすさを実現する、という観点から、現場の教師たちとともに、さまざまな具体的サポート法を考案している。「教師の温かく適切なサポートは、学級の子どもたちのよきモデル。子どもたちのピアサポートを引き出していきましょう」を合言葉に特別支援学級や通常学級の理論的・実践的研究に携わっている。編著に『イラスト版こころのケア　子どもの様子が気になった時の49の接し方』（合同出版、2006年）がある。

●本文カバーデザイン
守谷義明＋六月舎

●イラスト
深見春夫

●組版
Shima.

イラスト版
発達障害の子がいるクラスのつくり方
これが基本 子どもが困らない35のスキル

2009年4月10日　　第1刷発行
2016年3月25日　　第6刷発行

著　者　梅原厚子
発行者　上野良治
発行所　合同出版株式会社
東京都千代田区神田神保町1-44
郵便番号 101-0051
電話 03（3294）3506　FAX03（3294）3509
ＵＲＬ：http://www.godo-shuppan.co.jp
振替 00180-9-65422
印刷・製本　新灯印刷株式会社
■刊行図書リストを無料送呈いたします。
■落丁乱丁の際はお取り換えいたします。

本書を無断で複写・転訳載することは、法律で認められている場合を除き、著作権及び出版社の権利の侵害になりますので、その場合にはあらかじめ小社あてに許諾を求めてください。
NDC378 257×182
ISBN978-4-7726-0450-5　　Ⓒ Atsuko Umehara, 2009

生活技術をマスターするシリーズ

■ 大型イラストで子どもと学ぶ生活技術の基本　【B5判／112ページ】

朝日、毎日、読売、NHK、TBSなど100以上の媒体で絶賛紹介！

「模範となるはずの大人や教師も何が正しいのかわからなくなっており、一つの『お手本』としてまとめられた本」（朝日新聞家庭欄より）

イラスト版 手のしごと
谷田貝公昭＋村越晃[監修]／1942円
箸の使い方、手の洗い方など、49の日常動作を大型イラストで図解。●好評29刷

イラスト版 体のしごと
谷田貝公昭＋村越晃[監修]／1942円
歩く、走る、跳ぶ、座る、立つなど、自分の体を自由に動かす方法。●好評6刷

イラスト版 子どものマナー
谷田貝公昭＋村越晃[監修]／1942円
家庭、学校、友人関係など子どもたちに教えたいマナーのポイント。●好評15刷

イラスト版 からだのしくみとケア
牧野幹男[監修] 青木香保里[編著]／1600円
子どもが自分の体を知り・管理するために必要な知識を大型図解。●好評15刷

イラスト版 ADHDのともだちを理解する本
原仁＋笹森洋樹[編著]／1600円
ADHDのともだちを理解し、助け合う気持ちを育てます。●好評5刷

イラスト版 自閉症のともだちを理解する本
原仁＋高橋あつ子[編著]／1600円
よくあるトラブルは、どういう特性から起きるのか。●好評3刷

イラスト版 LDのともだちを理解する本
上野一彦[編著]／1600円
LDの子どものための学校生活での具体的な手だて、工夫を図解。●好評2刷

大好評既刊

イラスト版 ロジカル・コミュニケーション
三森ゆりか[監修]／1600円
上手にコミュニケーションをとる論理的思考方法や対話法、表現法。●好評17刷

イラスト版 こころのコミュニケーション
有元秀文＋輿水かおり[監修]／1600円
家庭で学校で、親、先生、友だちとこころを通わすトレーニング法。●好評13刷

イラスト版 こころのケア
久芳美惠子＋梅原厚子[編著]／1600円
どうしたの？いつも味方だよ。子どもの心に届くプラスのメッセージを。●好評6刷

イラスト版 気持ちの伝え方
高取しづか＋JAMネットワーク[著]／1600円
どんなときでもじぶんの気持ちや考えをうまく表現するわざ教えます。●好評15刷

イラスト版 からだのつかい方・ととのえ方（改訂新版）
橋本雄二[監修]／1700円
「息・食・動・想」、4つのからだの自己管理でこころとからだを健やかに！●最新刊

イラスト版 10歳からの性教育
高柳美知子[編]／1600円
自分や異性の体を知って、ステキな女の子、男の子になろう！●好評8刷

イラスト版 子どものお手伝い
谷田貝公昭＋村越晃[監修]／1600円
お手伝いは自立をうながし、家族の一員としての自覚を育てます。●好評5刷

■カタログ無料贈呈いたします。■別途消費税がかかります。